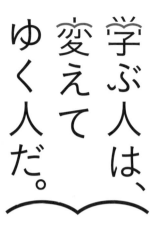

大学入試 全レベル問題集

古文

伊藤紫野富 著

2 共通テストレベル

三訂版

はじめに

皆さんはなぜ古文を学ぶのでしょうか。多くの人は受験のためと答えるでしょう。英語ほどの配点がないにしても、古文が受験に必要不可欠な科目であることは間違いありません。しかし、英語の学習がその後の人生で大いに役立つのに比べると、古文の学習の実用性はほとんどないように見えます。また、英語や現代文では、世界平和や地球環境、市場経済のグローバル化などのテーマが扱われることがありますが、古文は、文字どおり「古い文」ですから、そのような現代的なテーマは一つも扱いません。しかし、そこにこそ古文の味わい深さがあると言えます。古文に描かれているのは、〝人の営み〟です。生きることの意味や愛することの苦悩、芸術への熱情や学問への探究心など、時の流れにとらわれない普遍のテーマを投げかけてくれる、激変する世の中で生きる私たちの道標となってくれる、それが古文です。

この問題集の後半では、共通テストの対策として作成した予想問題を扱っています。問題文には、古文を代表する有名作品のほか、古典芸能や近世の思想に関する作品も選び入れ、幅広い内容になっています。得点アップは、もちろん狙ってください。この問題集は必ず応えてくれるはずです。でもそれだけではもったいないです。古文の真髄に少しでも触れて、それを心にとどめていただきたいと思います。それはいつかきっと皆さんの心の糧となってくれることでしょう。

伊藤 紫野富

伊藤 紫野富（いとう しのぶ）

元代々木ゼミナール講師。長年、受験生や高校生を指導し、東大京大から早慶、共通テスト対策まで幅広く担当。『全国大学入試問題正解国語』（旺文社）解答者。著書に『ビルドアップノート古典文法基本ドリル』（三省堂）などがある。

目次

この問題集の構成と使い方

本書は、別冊に問題を、本冊に解答と解説を掲載しています。

別冊（問題）掲載内容

古文ジャンル解説 … 巻頭に古文の五ジャンルの特徴と読解ポイントを示した解説を掲載しています。それぞれのジャンルの特徴を理解して古文本文を読みましょう。

学習テーマ … 各講のはじめに学習テーマを設けています。テーマを意識して問題に取り組みましょう。

問題 … 目標解答時間を示していますので、時間をはかって解いてみましょう。

センター試験の過去問題二題、二〇一八年に大学入試センターから公表された試行調査問題一題、共通テストの過去問題二題、予想問題五題を掲載しています。共通テストは、従来の試験とは異なり、複数の古文本文や会話文・資料を含む設問等が出題されることがありますが、求められる古文の力は、これまでと変わりません。過去問題や共通テストの予想問題で実戦力を身につけましょう。

本冊（解答・解説）掲載内容

共通テスト 古文の対策と解き方 … 共通テストの古文に特有の対策・解き方を紹介しています。

作品解説 … 掲載作品の文学史に関する知識をまとめています。

目標点 … 〈予想される平均点＋一問分〉として示しています。

問題文の概要 … 「あらすじ」と要旨をまとめた「内容解説」を掲載しています。

設問解説

- **読解ルール** … どの問題にも適用できる、読解に役立つルールを示しています。
- **着眼点** … 設問を解く際に着眼すべきポイントを示しています。
- □ … 単語・文法・文学史などの重要事項をまとめています。
- □ … 重要な箇所を品詞分解・訳出しています。

【品詞の略称】

名→名詞　代名→代名詞　動→動詞　補動→補助動詞
形→形容詞　形動→形容動詞　副→副詞　連体→連体詞
感→感動詞　助動→助動詞　格助→格助詞　係助→係助詞
接助→接続助詞　副助→副助詞　終助→終助詞
接尾→接尾語

●関連メモ…設問内容から一歩踏み込んだ、知っておくと役立つ知識をまとめています。

●難…高度な読解力や分析力を要する問題に示しています。

現代語訳

別冊の古文本文を再掲載し、その右側に重要文法事項を、左側に現代語訳を付し、下段には重要語句を掲載しています。

●重要文法事項…設問で問われやすい語に次のように情報を示しています。

・助動詞…意味・活用形

例 完了の助動詞「ぬ」の連用形→完了・用

・助詞…意味

例 副助詞「だに」（類推）→類推

・係り結びは次のように示しました。

例 や 疑問（↓） ありけむ 過去推量・体（↑）

＊結びの省略は（↓省）。結びの流れ（消滅）は（↑流）。

【活用形の略称】

未→未然形　用→連用形　終→終止形　体→連体形

已→已然形《いぜん》　命→命令形　（撥無）→撥音便《はつおんびん》の無表記

●重要語句…古文本文に登場した語の中から、入試頻出の語をまとめました。覚えたら上の□にチェックしましょう。

志望校と「全レベル問題集　古文」シリーズのレベル対応表

シリーズラインナップ	各レベルの該当大学　※掲載の大学名は購入していただく際の目安です。
① 基礎レベル	高校基礎〜大学受験準備
② 共通テストレベル	共通テストレベル
③ 私大標準レベル	日本大学・東洋大学・駒澤大学・専修大学・京都産業大学・近畿大学・甲南大学・龍谷大学・成蹊大学・成城大学・明治学院大学・國學院大學・聖心女子大学・日本女子大学・中京大学・名城大学・京都女子大学　他
④ 私大上位・私大最難関・国公立大レベル	[私立大学] 早稲田大学・上智大学・明治大学・青山学院大学・立教大学・中央大学・法政大学・学習院大学・東京女子大学・南山大学・同志社大学・関西学院大学・立命館大学・関西大学・福岡大学・西南学院大学　他 [国公立大学] 東京大学・京都大学・北海道大学・東北大学・名古屋大学・大阪大学・九州大学　他

自動採点について

採点・見直しができる無料の学習アプリ「学びの友」で、簡単に自動採点ができます。

① 以下の URL か右の二次元コードから、公式サイトにアクセスしてください。
https://manatomo.obunsha.co.jp/

② アプリを起動後、「旺文社まなび ID」に会員登録してください（無料）。

③ アプリ内のライブラリより本書を選び、「追加」ボタンをタップしてください。

※ iOS ／ Android 端末、Web ブラウザよりご利用いただけます。※ 本サービスは予告なく終了することがあります。

共通テスト攻略 古文の対策と解き方

○共通テスト攻略の最大の武器は古文単語力！

問題の分量に対して、試験時間が短いのが共通テストの特徴の一つです。短時間で古文本文を読み、問題を解くには、文章を読む力（スピード）を養っておくことが必要です。さまざまな文章に触れることが大切ですが、確実なのは**古文単語の知識を増やす**ことです。あやふやな知識であれこれ考えている時間は無駄です。語句の意味を知っていれば簡単に正解がわかることもあります。**知識は、時間短縮にも力を発揮する最大の武器**です。

○選択肢の内容を、古文本文を理解するヒントに利用せよ！

自力で本文をすべて訳す時間はありませんから、設問の選択肢の内容に助けてもらいながら解き進めましょう。**選択肢は本文の傍線部や該当箇所を現代語に言い換えたもの**ですから、本文が完全にわからなくても、選択肢を読むことで本文の内容を理解するヒントが得られ、正解が出せることもあります。**選択肢に助けてもらって解く**、これが共通テスト攻略の鍵です。

古文本文を読むうえで注意すること

❶古文本文のジャンルを意識する

これは、別冊「古文ジャンル解説」（P.2）で解説しています。本冊付録「ジャンル別文学史」（P.158）もあわせて確認しましょう。

❷「リード文」や「出典」、「注」などを見逃さない

「リード文」（古文本文の前に示される説明文）や「注」に答えのヒントどころか答えそのものがある場合も少なくありません。

「リード文」と「出典」は本文を読み始める前に、「注」は本文に出てきたときにその都度、確認しながら読み進めます。

設問形式ごとの解法

すべての設問に共通するのは、**答えは古文本文を現代語に言い換えたもの**だということです。誤解を恐れずに言えば、共通テストでは、正解の選択肢を自分で考えるのではなく、**選択肢を正解とする根拠を本文から探す**ことが求められているのです。

解釈▶品詞分解して直訳するのが基本ですが、選択肢によっては、品詞分解の必要がなく、重要語句の意味がわかれば正解を出せる場合もあります。忘れてはいけないのは、文脈だけに頼った解釈を選ばないことです。解釈問題は、「**語句の意味（直訳）**」と「**文脈から考えられる意味（根拠）**」の**重なるところが正解**となります。

文法▶本文を読み進める中で文法問題を解くやり方と、文法問題だけ

❸複数の古文本文の関係をしっかり捉える

共通テストでは、複数の古文本文が出題されることがあります。まずは複数の文章の関係をしっかり捉えましょう。そのうえで、それぞれの文章の内容を照らし合わせながら比較・検討し、その主旨を正確に読み取ることが大切です。

❹「と・て・ば・ど」等の助詞に着眼しながら読む

設問の傍線部の多くは「と・て・ば・ど」等の助詞の前後にあります。そのため、これらの助詞に着眼すると、正解を導き出すヒントが得られます。また、文章の構造もよく見えてきますので、速読にも役立ちます。本書では、これを**読解ルール**として取り上げています（↓P.10 **読解ルール解説**）。

> **「と（とて）」「て」は同じことの言い換えを表す！**（1・2・3・5・7・9講）
> **「ど（ども）」は前後が対比関係にあることを表す！**（9講）
> **「を」「に」に着目して、文の構造を捉えよ！**（4・8講）
> **「て」「して」は主語を継続させる！**（7講）
> **主語の判定は敬語に着目せよ！**（9講）
> **日記文において一人称（私）の主語は省略される！**（4講）

を別に解くやり方があります。どちらにしても、自分の力だけで解くのではなく、**選択肢をよく見て（選択肢に助けてもらって）解く**ことが大切です。

内容説明 傍線部の内容説明であれば、**傍線部の直訳と選択肢とを照らし合わせ**ながら、選択肢を絞り込んでいきます。主体判定も含む設問では、わかりやすい主体であれば先に主体判定を行ったうえで選択肢の検討をするとよい場合もあります。

心情説明 心情は、状況の変化に応じていますので、**登場人物や筆者の状況を把握すること（根拠）**が正解につながります。「笑う」「泣く」「涙を流す」など心情を伴う行為は、その心情を表す形容詞などに着眼することが大切です。

理由説明 心情の理由説明の場合は、その心情を引き起こした**状況を把握すること**、行動の理由説明の場合は、**その行動を生んだ心理、そしてその心理を生んだ状況**というように本文の記述を見ていきます。

内容合致 内容合致問題は「**言い換え**」の最たるものです。本文を言い換えた内容の選択肢が正解となります。選択肢の**該当箇所を本文で探し、本文と選択肢を照らし合わせて**矛盾点がないか検討します。明らかな矛盾点と判断できない場合は、そこを根拠にせず、他の矛盾点を探します。

会話文・資料を含む設問 **会話文や資料には重要なヒントが含まれているので**、それを見逃さないように読み取ります。選択肢を見たうえで、会話・資料のどこがポイントなのかを見極めることも重要です。

読解ルール解説

古文を読解する際には、「**と・て・ば・ど・を・に**」等の助詞に着眼しましょう。これらの助詞は、**語句の関係を示し**、**文の構造を理解する**のに役立ちます。また、**設問の傍線部の多くは、これらの助詞の前後にある**ので、助詞に着眼すると正解を導くヒントが得られます。

「全レベル問題集 古文」シリーズでは、こうした助詞に関する重要ポイントを**読解ルール**として取り上げています。ここでは、**読解ルール**を大きく二つに分けて解説します。

助詞に着眼して、文の構造を理解し、読解に活用しましょう！

語句の関係を示す「と・て・ば・ど」の読解ルール

読解ルール 「と（とて）」「て」は同じことの言い換えを表す！

「と（とて）」は引用を表す格助詞。「て」は接続助詞です。

例 「いかに」と問ふ。

（「なぜ」と尋ねる。）

「と」は、同じ事柄を別の表現にする**言い換え**を表します。例文は、「と」をはさんで、前の「いかに」が後の「問ふ」の内容を表しており、「いかに」＝問い、と理解できます。

例 悲しくて泣く。

（悲しくて泣く。）

「て」も**言い換え**を表します。例文は、「て」をはさんで、前の「悲し」という気持ちを後の「泣く」という行為で表現しており、「悲し」＝「泣く」と単純化して捉えることができます。文章を単純化して読むことは、速読にも役立ちます。

読解ルール 「ば」の前に理由あり！

「ば」は順接の接続助詞です。

例 悲しければ泣く。

（悲しいので泣く。）

「ば」は**原因・理由**を表します。例文では、「ば」をはさんで前の「悲し」（原因・理由）→後の「泣く」（結果）という関係だと理解できます。

読解ルール　「ど（ども）」は前後が対比関係にあることを表す！

「ど（ども）」は、逆接の接続助詞です。

例　悲しけれど笑ふ。
（悲しいけれど笑う。）

「悲し」＝「泣く」（笑わない）ということを前提として、「ど」をはさんで、前の「悲し」と後の「笑ふ」とが**対比関係**になっています。

これらの読解ルールで、助詞「と（とて）・て・ば・ど（ども）」に着眼すると、助詞の前後の語句の関係を捉えやすくなります。「と（とて）・て・ば・ど（ども）」を見逃さずにチェックして、文の構造を理解し、文脈を正しく把握して読解を進めましょう。

主語判定に役立つ「を・に」の読解ルール

読解ルール　「を」「に」に着目して、文の構造を捉えよ！

古文では主語が省略され、また述語が主語から離れたところにあることが多いので、文意を正しく理解するのが困難ですが、英語や漢文のように、文の構造を捉えるとわかりやすくなります。その着眼点となるのが、格助詞の「**を**」と「**に**」です。

～が	～する	～を	～に
主語（S）	**述語（V）**	**目的語（O）**	**補語（C）**

目的語と補語を厳密に区別するのは難しいので、簡単に「～を」で表されるものを「目的語」（O）、「～に」で表されるものを「補語」（C）とします。現代語と同じで**「を」は省略されること**があります。

また、動作の主体を「主語」（S）、動作を表す動詞を「述語」（V）と捉えます。

次の例文で見てみましょう。

例 大和に住みける女に男文をやりけり。
（大和に住んでいた女に男が手紙を送った。）

C_1 V_1 S_1			
大和に**住み**ける女に	男	文を	**やり**けり。
C_2	S_2	O_2	V_2

このような単純な文においては、SVOCは簡単にわかりますが、あえて「を」と「に」に着眼して文の構造を見てみましょう。

まず、述語（V_1）「住み」に注目します。「住み」の上の「に」に着眼すると、「大和に」が補語（C_1）で、「住み」の動作主体である主語（S_1）は「女」と確認できます。

次に、述語（V_2）「やり」に注目します。「やり」の上の「を」に着眼すると、「文を」が目的語（O_2）だと確認できます。動作主体である主語（S_2）は「男」です。また、その上にある「に」に着眼すると「大和に住みける女に」が補語（C_2）だとわかります。

目的語（O）を示す「を」が省略されている場合も、同じように文の構造を捉えることができます。

このように、「を・に」に着眼することで、SVOCの文の構造を把握できます。例のように単純な文でなくても、**「を・に」に着眼して目的語（O）・補語（C）を確認しながら文脈をたどると、省略されている主語（S）が見えてきます。**「を・に」をチェックして、文意の正確な理解に役立てましょう。

例外

※「に」が貴人を表す語に付く場合、「に」は主語を示すことがあります。

例 御前にも笑はせたまふ。
（中宮様におかれてもお笑いになる。）

※「を」が形容詞の語幹（＋み）の前に付く場合、「を」は格助詞でなく、間投助詞です。目的語を示しているのではないので注意しましょう。

例 山を高み
（山が高いので）
＊「〜を…み」で「〜が…なので」の意。

この他の主語判定の読解ルール

「を・に」に着眼する以外にも、主語判定に役立つ読解ルールがあります。「全レベル問題集 古文」シリーズでは、次のような読解ルールを取り上げています。

読解ルール 「て」「して」は主語を継続させる！

「て」は単純接続の接続助詞です。同じ人物の行為が連続する場合、「て」によってつながっています。よって、その行為（動詞）のどれかの主語がわかれば、他の行為の主語も同じであると判断できます。（ただし、例外もまれにあるので要注意です。）

読解ルール 主語の判定は敬語に着目せよ！

登場人物に身分の差がある場合は、敬語の使われ方によって、その敬語が用いられた行為の主体や客体を判断できることがあります。また、**会話文では、自分には尊敬語は用いず、相手に敬意を表すために敬語を用いる**ことが多く、それによって、省略された主語を判断できます。

読解ルール 主人公の主語は省略される！

読解ルール 日記文において一人称（私）の主語は省略される！

主語が省略されているということは、明記しなくてもわかる人物が主語だということです。つまり、主語が省略されている場合には、多くは、その文章における主要な人物（主人公）が主語であると判断できます。

ジャンル別　省略されることがある主語

説話……主人公

物語……主人公（あるいは、その場面の主要人物）

日記……私（日記の主人公は筆者）

読解ルール 本文初出の動詞の主語は、リード文の主語と一致する！

長い物語などの一部が切り取られて問題文本文となっているときは、リード文で主要な人物の状況や行動が説明されます。そのため、本文の最初の主語は、リード文で説明された人物と一致します。

狗張子《いぬはりこ》

センター試験
別冊（問題） p. 6

作品解説 ■ 江戸時代初期の仮名草子《かなぞうし》。浅井了意《あさいりょうい》著。怪異《かいい》譚《たん》的な要素を含む。仮名草子は、江戸時代初期に仮名で書かれた通俗的な散文文学の総称。儒教的な思想が見られる。

解答

問一	問二	問三	問四	問五	問六
(ア) ①	⑤	②	(1) ④	③	③
(イ) ③			(2) ②	④	
(ウ) ④				（順不同）	
5点×3	5点	7点	(1)4点、(2)5点	4点×2	6点

目標点
34／50

問題文の概要

● あらすじ ●

第一段落（1～6行目）
福島角左衛門《ふくしまかくざえもん》は、太閤秀吉《たいこうひでよし》の家臣であった福島正則《ふくしままさのり》を頼って都へ向かった。摂津《せっつ》の国の高槻《たかつき》のあたりで、湯水を所望しようと見つけた小さな家には、美しい女房がいた。

第二段落（7～18行目）
台所もなく貧しい暮らしぶりに同情し、また美しさに心惹《ひ》かれた角左衛門は、女房の手を取って言い寄ったが、女房はその手を払いのけ、行商に出ている夫の帰りを待つ身であると告げる。女房の貞節ぶりに感動した角左衛門は、餅《もち》と果物を与えて立ち去った。

第三段落（19～26行目）
翌朝、女房の家へ戻る途中、女房の夫の葬列に出会う。不思議に思った角左衛門がついていくと、家は跡形もなく消えていた。そのうえ女房の墓があり、その中には餅と果物が昨日のままの状態で入っていた。女房はすでに死んでいたのだった。死んでもなお義父母に仕えて夫を待つ女房に感動した角左衛門は、夫の葬儀を助けて、上京した。

第四段落（27〜28行目）

この女房の亡霊の貞節さと孝行心を称賛する、作者の評言。

● 内容解説 ●

「福島角左衛門」の人物紹介から始まり、その行動が続くので、主人公は角左衛門のように感じられますが、第四段落に至って、作者が描きたかったのは女房だとわかります。女房を中心に据えて段落ごとにまとめると、

第一段落　女房の登場
第二段落　女房の生きざま＝婦道を守る
第三段落　女房の正体＝亡霊
第四段落　女房への評言＝称賛

となります。

この女房は女性の鑑《かがみ》として（当時の道徳的観点から）称賛されています。

設問解説

問一　解釈

着眼点 傍線部の前後に根拠あり！

傍線部(ア)

①優に　②やさしき　に

① 形動【優なり】上品だ。優美だ。
② 形「やさし」の連体形。つらい・きまりが悪い・つつましく上品だ・優美だ・優しい・感心だ、など。

直前に「容貌《かほかたち》の」とあり、直後に「見とれて」とあるので、傍線部(ア)は**女房の容貌の美しさ**を表しているとわかります。これを踏まえて、「優に」の意味から、選択肢を①と③に絞ることができます。「やさし」に「ほっそりしている」の意味はありません。よって、**正解は①**となります。

傍線部(ア)の直後の角左衛門の会話文中の「かかる艶《えん》なる身」は、「優にやさし」を受けているので、これとほぼ同義であるはずです。「艶なり」は優美な美しさを表す形容動詞なので、①で間違いありません。

傍線部(イ)

ポイントは、「振り放ち」の意味です。

> ①けしから ― ず ― 振り放ち ― て
>
> ①「けしからず」(連語)＝異様である。はなはだしい。不都合である。

傍線部(イ)の直前に「女房」と主語が明記してあるので、「振り放ち」の主語は女房です。**問三**で解説しますが、傍線部Aは**問三**から角左衛門が女房の手を取って言い寄っている場面なので、「振り放ちて」は**言い寄られた女房の反応**ということです。その直後に「いらへもせず(＝返事もしない)」とあることや、その後の女房の発言から、角左衛門の求愛を拒否していることがわかります。選択肢の中で**角左衛門の求愛を拒否している内容**になっているのは、②と③です。ここで「振り払う」という言葉が頭に浮かべば、「振り放ち」をきちんと言い換えて(訳して)いるのは③「払いのけて」だと判断できます。女房は角左衛門の手を「払いのけた」ということです。「けしからず」はその行為を修飾しているので、「はなはだしく」の意味で、「たいそう強く」の訳は矛盾しません。よって、**正解は③**となります。ここは女房が角左衛門を拒絶している状況だと判断して、②「男の誘いを当然のごとく拒絶して」を選んでしまうかもしれませんが、それは、文脈だけに頼った解答です。「拒絶して」は「手を払いのける」という行為の意味付けをした言葉です。**意味付けは解釈ではありません**。「解釈」は**直訳から逸脱しない**ことが重要です。

傍線部(ウ)

> ①ねんごろに ― ②はからひ ― て
>
> ① 形動【懇ろなり】親切である。丁寧である。
>
> ② 動【計らふ】考慮する。適当に処置する。

「はからひて」の主語は24行目の「角左衛門」です。「ねんごろに」の意味から③「熱心に」と④「心を込めて」が残ります。「はからひ」が角左衛門のどういう行為なのか検討します。④の「処置」とは「その場の状況を考えて扱いを決める」ことです。傍線部の直前の「跡の弔《とぶら》ひのこと」は、「後の供養のこと」の意味で、「はからひて」の目的語です。後に解説しますが、**問五**の選択肢④にもあるように、角左衛門は情け深い人であり、貧困に苦しむ女房に食べ物を与え、その夫の葬儀にはお金を出して助けました。これを踏まえ、さらに「かつ」が

「そのうえ」の意味なので、「葬儀を助けただけでなく、そのうえ後の供養のことまでを処置した」ととるのが合理的です。また傍線部の直後の「そののち都へのぼりける」は、角左衛門が後の供養についても処置をして都へ向かったのだと捉えると整合性があります。よって、**正解は④**です。

解答 (ア)① (イ)③ (ウ)④

問二 文法（「る」「に」「し」の識別）

波線部a

●「る」の識別●

1 完了・存続の助動詞「り」の連体形
e音＋「る」

2 自発・可能・受身・尊敬の助動詞「る」の終止形
a音＋「る」

波線部aの前後も含めて品詞分解します。

「定まれ｜る｜夫」

「定まれ」は、活用語尾「れ」がe音なので、**e音＋「る」**の形であり、**完了・存続の助動詞「り」**の連体形となります。

「定まれ」は四段活用動詞「定まる」の已然《いぜん》形（命令形）です。

この時点で選択肢を④と⑤に絞ることができ、どちらも波線部**b**を断定の助動詞としているので、あとは波線部**c**がわかればよいということですが、ここでは**b**も確認します。

波線部b

●「に」の識別●

1 格助詞「に」
体言・連体形＋「に」 訳～に

2 接続助詞「に」
連体形＋「に」 訳～ので・～と・～のに

3 断定の助動詞「なり」の連用形
［体言／連体形］＋「に」（＋助詞）＋「あり」 訳～である

4 完了の助動詞「ぬ」の連用形
連用形＋「に」＋［「けり」／「き」］（過去の助動詞） 訳～た

5 形容動詞の連用形の活用語尾
「―に」で一語で、活用する語

6 副詞の一部
「―に」で一語で、活用しない語

波線部bの前後も含めて品詞分解します。

「いかなる｜人｜に｜や」

名詞「人」に接続していて、**「～である」と訳す**ことができるので、選択肢からわかるように、確かに「に」は**断定の助動詞**「なり」の連用形となります。

波線部c

●「し」の識別●

1 **サ変動詞「す」の連用形** 訳～する
2 **過去の助動詞「き」の連体形** 訳～た→連用形＋「し」
3 **強意の副助詞** →取り除いても意味が通じる
4 **単語の一部** 例かなしく・まし

波線部cの前後を含めて品詞分解します。

「送り｜し｜者」

「送り」は四段活用動詞「送る」の連用形なので、「し」は**過去の助動詞**「き」の連体形となります。

よって、**正解は⑤**となります。

解答 ⑤

問三 心情説明

心情説明は状況説明と同じなので、傍線部Aと傍線部Bの状況がわかれば答えを出すことができます。

少し｜そ｜の｜心｜を｜挑み｜ける

① 動【挑む】競争する。言い寄る。

「挑む」に「言い寄る」の意味があることを知っていれば答えは簡単に出ますが、知らない人もいるでしょう。

読解ルール 「と」「て」は同じことの言い換えを表す！

傍線部Aの直前に引用の「と」があり、言い換えを表すので、会話文の内容＝「少しその心を挑みける」となります。会話文の「都にのぼり給へかし。よきにはからひ奉らん」は「都へおのぼりください。よいように取り計らいましょう」の意味で、女を誘う内容です。さらに会話文の前の「手を取りて」の「て」も言い換えを表すので、その前の内容に着眼すると、「見とれて、やや傍《そば》に寄り、手を取り」は、角左衛門が女の優美さに「見とれて、近寄り、手を取った」の意味で、この一連の行為はまさしく女に求愛しようとしているものです。このことから、傍線部は角左衛門が「女に言い寄った」のだと判断できます。

この時点で選択肢②「言い寄ってみた」を選ぶこともできますが、①「気を引こうと試みた」と④「好意を示した」もまったくの間違いとは言い切れないので、傍線部B「悔い愧《は》ぢて」で判断します。

> ①悔い ― ②愧ぢ ― て
> ①動【悔ゆ】後悔する。
> ②動【愧づ】恥ずかしがる。

「愧ぢ」は「恥じ」と同じだとわかれば、「後悔」と「恥じ」をともに正しく言い換えて（訳して）いるのは、②「反省し恥じ入った」しかありません。また、言い換えを表す「て」に着眼すると、傍線部Bの後に、「食べ物などを女に与えて立ち去った」という角左衛門の行動があるので、これもヒントになります。よって、**正解は②**となります。

傍線部Aで判断すると紛らわしいですが、傍線部Bでは明らかに一つに絞ることができるので、傍線部Bを先に検討するほうが時間の節約になります。**少しでも曖昧なところがあったら、確実なほうから検討する**、これは共通テストの鉄則です。

解答 ②

問四

(1) **読解（適語の補充）**

設問に、「本文に語られている逸話に対する作者自身の評言」とありますが、傍線部Cを見ると「この女房」となっているので、評言は角左衛門への評価ではなく、女房への評価ということです。これを踏まえて、まずは選択肢のXとYの内容を確認します。どの選択肢もXとYが対比の関係にあります。それもそのはずで、空欄Yの直前に「いはんや」がありますが、これは、漢文の抑揚形「Aすら且《か》つ〜、いはんやBをや」（**Aでさえ〜なのだから、ましてBは言うまでもない**）で、AとBを対比させる用法です。古典文法で言えば副助詞「だに」の用法と同じです。

空欄Xの下には、女房の言動がまとめてあります。「舅姑《きうこ》に孝行を尽くして」は14〜16行目の女房の発言の内容を指し、「夫を待つ」は第二段落で角左衛門の誘いをきっぱり拒絶した行為を指しています。「舅姑に孝行を尽くして夫を待つ」ことが「婦道（婦人が守るべき道）」であり、女房はその婦道を忘れなかったということです。また22行目「藤内《とうない》が女房の棺《くわん》あり（藤内の女房の棺桶《かんおけ》がある）」とあることから、**女房はすでに死んでいて角左衛門が出会ったのは女房の亡霊だった**ということがわかるので、評価されたのは女房の亡霊の言動だということです。空欄Xには亡霊につながる言葉、空欄Yにはそれと対比される言葉が入ると考えられます。よってX「死す」、Y「生ける」が適当であり、**正解は④**となります。

死んだ後でさえ女は婦道を忘れず義父母に仕え貞節を守ったのだから、まして生きているときはなおさらだっただろうと、女の死後の様子から生前の様子を推測しているのです。

(2) 解釈

ここで改めて傍線部Cを訳すと、「ああ、この女房は、死んでも婦人として守るべき道を忘れず、義父母に孝行を尽くして夫を待つ。ましてや、生前も婦道を忘れなかったことがわかるだろう」となります。「舅姑に孝行を尽くして夫を待つ」という行為は、道徳的な美徳なので、この女房を称賛しているということです。「知りぬべし」の「べし」は「～べきだ」という教訓を表すのではなく、死後の女房のふるまいから生前の女房を推測している「～だろう」の意味です。以上を踏まえて、選択肢を検討します。

① 筋を通した女の生き方に心を打たれながらも、×その薄幸な生涯に同情を覚えている。
↓作者は女の生き方を称賛している。

② 夫と義父母にどこまでも尽くし通した女の誠実さに感銘を受け、心から称賛している。
↓傍線部Cと矛盾がない。

③ 決して浮気心を起こさなかった女の態度を、×世の人々も見習うべきと訴えかけている。
↓「知りぬべし」の「べし」は推量の意味で、適当や義務の意味ではない。

④ けなげに生きた女が×❶全く報われないままに亡くなった、この世の不条理を×❷嘆いている。
↓❶本文に記述がない。従って❷も間違い。

⑤ 気丈に生きた女が死後にやっと報われ×❶往生を遂げたであろうことに、×❷安堵《あんど》している。
↓❶本文に記述がない。
❷作者は女の生き方を称賛している。

よって、**正解は②**となります。

解答 (1) ④ (2) ②

問五 内容合致 難

本文の内容を正しく**言い換え**ているか、矛盾はないか検討します。

① 角左衛門は×借金の取り立てから逃れて都へ上る途中、美しい

女の世話になり、その家に忘れた手紙を取りに戻ったところで藤内の葬儀の列に出くわした。

→2行目の「取り立て」は×❶「登用」の意味。

② 女は角左衛門と会った×❶翌日に死去し、人情に厚い角左衛門は×❷これを助けてやれなかったことを悔やんで、×❸女の葬礼に参列したのちに都へ向かった。

→❶女は角左衛門と会ったときにはすでに死んでいた。
❷助けてやれなかったことを悔やむ記述はない。
❸角左衛門は女の夫（藤内）の葬列に遭遇した。

③ 藤内の留守の間、女は忍耐強く藤内の帰りを待ちながら懸命に家を守っていたにもかかわらず、ついにこの世で共に暮らすことはできなかった。

→矛盾がない。女の墓があって、夫の葬儀が行われたということは、二人は共に暮らすことはできなかったということ。

④ 角左衛門は生真面目《きまじめ》とばかりは言えないものの情け深く、旅の途中で出会った女に食べ物を施したり、藤内の葬儀に際して援助を行ったりした。

→矛盾がない。女の手を取ったところを「生真面目とばかりは言えない」と評価している。

⑤ 角左衛門の誘いを×❶不粋にも受け入れなかった女は、×❷実は十年も前に死去しており、幽霊となってなお婚家に留《とど》まり義父母に一途《いちず》に仕え続けていた。

→❶女の行為は称賛されているので、非難を表す「不粋」という評価は不適。
❷女がいつ死んだのかは書かれていない。十年前に死去したのは義父母。

⑥ ×❶藤内が布商人に伴われ都から帰って来た時には女は既に亡くなっており、×❷藤内は驚き嘆いたが、×❸角左衛門はこれを励まし葬儀を行うのを手伝った。

→❶藤内が布商人である。
❷本文に記述がない。
❸角左衛門は藤内の葬儀に遭遇した。

よって、正解は③と④となります。

解答 ③・④

問六 表現・文学史

問四で見たように、**「作者自身の評言」は、説話の特徴**です。主人公である角左衛門が不思議な出来事に遭遇し、それに対処するという内容も説話らしいと言えます。本文の最後の作者の評価や感想は女房に対するものですが、説話の流れをくんでいると言えるので、選択肢を③と④に絞ることができます。あとは文学史の知識が決め手となります。③の江戸時代の上田《うえだ》秋成《あきなり》の『雨月物語《うげつものがたり》』は正しく、④の『東海道中膝栗毛《とうかいどうちゅうひざくりげ》』は十《じっ》返舎一九《ぺんしゃいっく》の作品なので間違いです。よって、正解は③となります。⑤の『南総里見八犬伝《なんそうさとみはっけんでん》』は曲亭馬琴《きょくていばきん》の作品です。

この『狗張子』という作品は「仮名草子」というジャンルに属しています。「仮名草子」は、説話の流れをくみ、江戸時代の「浮世草子《うきよぞうし》」につながるものです。『雨月物語』は「読本《よみほん》」の代表的な作品です。

解答 ③

現代語訳

福島角左衛門は、生国、播州姫路の者**なり**（断定・終）。久しく宮仕へもせずして居たり**し**（過去・体）が、

福島角左衛門は、出身が、播州《ばんしゅう》姫路の人である。長い間宮仕えもしないで暮らしていたが、

そのころ、太閤秀吉の内、福島左衛門大夫とは少し旧交あるゆゑに、これを**頼み**、

そのころ、豊臣秀吉の家臣であった、福島正則とは少し昔からのつきあいがあるので、この人を**頼って**、

しかるべき**取り立て**にもあひ、奉公せ**ば**や（希望）と思ひ、故郷を出でて都におもむく。明石、

それ相応の役職に**登用**してもらい、奉公したいと思って、故郷（の姫路）を出て都に向かう。（その途

兵庫の浦を過ぎて尼が崎に出で、**やうやう**津の国高槻のほとりに至りぬれば、しきりに喉かわき**ぬ**（完了・終）。路のかたはらを見るに、小さき人家あり。その家、ただ女房一人

中）明石、兵庫の浦を過ぎて尼崎に着き、**やっと**摂津の国の高槻近くに行き着いたところ、しきりに喉《のど》がかわいた。道のまわりを見ると、小さい人家がある。その家には、ただ女房が一人い

重要語句

□たのむ【頼む】①（四段）頼りにする。②（下二段）頼りにさせる。あてにさせる。

□とりたて【取り立て】部下を引き立てて世話すること。登用。

□やうやう【漸う】①しだいに。②やっと。

あり。その容貌の美しさ、またかかる辺鄙にはあるべきとも思はれ（可能・未）ず。窓の

る。　その容貌の美しさ（はすばらしく）、　またこのような辺鄙《へんぴ》な所に住んでいるような人とも思えない。　（女房

あかりに向かうて足袋を縫ふ。角左衛門立ち寄りて、湯水を請ふ。女

は）窓のあかりに向かって足袋を縫っている。　角左衛門は（その家に）立ち寄って、湯水を（飲ませてくれるよう）頼む。　女

房、「**やすき**ほどのことなり（断定・終）」と、隣の家に走り行きて、茶をもらうて、与へぬ（完了・終）。

房は、「**たやすいことです**」と、隣の家に走って行って、　茶をもらって来て、（角左衛門に）与えた。

角左衛門、しばし立ち**やすらひ**、その家の中を見めぐらすに、厨、かまどの類も

角左衛門は、しばらくの間**とどまって**、その家の中を見回すが、　台所、かまどのような物も

なし。角左衛門、**あやしみ**て、「いかに、火を焚くことは、し給はずや（疑問）」と問ふ。女

ない。　角左衛門は、**不思議に思って**、「どうして、火を焚《た》くことは、なさらないのか」と尋ねる。　女

房、「家貧しく身衰へて、飯を炊ぎてみづから養ふこと**かなはず**。あたり近き人家に

房は、「家が貧乏で身体も衰えて、飯を炊いてわが身を養うことが**できません**。　この近所の人の家に雇われ

雇はれ（受身・用）てその日を送る、まことにかなしき**世渡り**に（断定・用）て侍る」と、語るうちにも足袋

てその日を送る、まことに悲しい**暮らし**でございます」と、　話すあいだも足袋を縫う。

を縫ふ。その**けしき**、はなはだ忙はしく、いとまなき体と見ゆ。角左衛門、その貧

その**様子**は、とても忙しそうで、休む暇もない様子に見える。　角左衛門は、その貧しくて

困辛苦の体を見て、かぎりなくあはれにおぼえ、また、その容貌の（主格）(ア)**優にやさしき**

暮らしに困り苦労している（女房の）様子を見て、このうえもなく気の毒に思い、また、その容貌が**上品で優美である**様子に見と

□やすし【易し】やさしい。容易だ。

□やすらふ【休らふ】①立ち止まる。②ためらう。

□あやしむ【怪しむ】不思議に思う。疑わしく思う。

□かなはず【叶はず】できない。手に負えない。

□よわたり【世渡り】暮らしてゆくこと。渡世。

□けしき【気色】①（人の）様子。機嫌。態度。②（自然の）様子。模様。

□いうなり【優なり】①とても立派で優れている。②優雅で上品だ。

□やさし【優し】①恥ずかしくきまりが悪い。②優美で上品だ。③けなげだ。

に見とれて、やや傍に寄り、手を取りて、「かかる**艶なる**身をもちて、この辺鄙に貧しく送り給ふこそ〔強意(↓)〕**遺恨**なれ〔断定・已(↑)〕。我に従ひて、都にのぼり給へかし。よきに**はからひ**奉らん〔意志・終〕」と、A少しその心を**挑み**ける。女房、(イ)**けしからず**振り放ちて、**いらへ**もせず。ややありて、「我には、定まれaる〔完了・体〕夫侍り。名を藤内とて、布を商ふ人なり〔断定・終〕。交易のために他国に出づ。わが身はここにとどまりて、家を守り、つつしんで舅姑に孝行を尽くし、みづから女の職事をつとめて、貧しき中にも、いかにもして朝暮の養ひをいたし、飢寒に及ばざらん〔婉曲・体〕ことをはかる。今すでに十年に及べり。幸ひ、明日、わが夫帰り来る。**はや**、**とく**、立ち去り給へ」と言へば、角左衛門、大きにその貞烈を感じ、B悔い愧ぢて、僕に持たせ〔使役・用〕たる破籠やうのものを

れて、いくらか傍に近寄り、（女房の）手を取って、「こんなに**優美な**身で、このような片田舎で貧しく暮らしておられるのは実に**残念**だ。私につき従って、都にのぼりなされよ。（あなたの身の立つよう）よいように**取り計らい**申し上げよう」と、（女房に）ちょっと心を惹かれて**言い寄っ**た。女房は、（男の手を）**たいそう強く**払いのけて、**返事**もしない。しばらくして、「私には、決まった夫がいます。名は藤内といって、布の商人です。（今は）商いのために他国に出ています。私はこの地にとどまって、（夫の留守の）家を守り、気を配って夫の両親に孝行を尽くし、私自身は女の（なすべき）仕事につとめ励んで、貧しい暮らしの中でも、何とかして朝夕の食事の世話をして、飢えや寒さに苦しめられないように気をつかっています。（その生活も）今でもう十年になりました。幸いなことに、明日、私の夫が帰って来ます。（ですから）**早く**、**すぐに**、お立ち去りください」と言うので、角左衛門は、大いに彼女の堅固な貞節に感服し、（自分の軽はずみな行為を）後悔し恥じ入って、下男に持たせていた弁

□えんなり【艶なり】①優美なさま。②なまめかしいさま。

□ゐこん【遺恨】残念。心残り。

□はからふ【計らふ】①思いめぐらす。考える。②適当に処置する。

□いどむ【挑む】①競争する。挑戦する。②恋をしかける。言い寄る。

□けしからず【怪しからず】①異様だ。②はなはだしい。③不都合である。

□いらへ【答へ】返答。

□はや【早】①早く。②早くも。すでに。

□とく【疾く】①早く。すみやかに。②すでに。

開き、餅、果物取り出だし、女房に与へ、去りぬ《完了・終》。

当箱のような木箱を開いて、餅や、果物を取り出し、女房に与えて、立ち去った。

その夜は山崎に宿しけるが、あくる朝、かの女房のところに、所用のこと書きたる文とり落としけるゆゑ、跡へ戻りけるところに、道にて葬礼にあへり。「いかなる人b にや《断定・用　疑問（↓省）》」と尋ぬれば、「布商人藤内を送る」と言ふ。角左衛門、大いに驚きあやしみて、その葬礼に従ひて墓所に至れば、すなはち昨日女房にあひし《過去・体》ところなり《断定・終》。

その夜は山崎に宿を取ったが、翌朝、（角左衛門は）あの女房の所に、用向きのことを書いた手紙をうっかり落として（来たことに気づ）いたので、後戻りしたところ、途中で葬列に出あった。「どのような人（の葬式）であろうか」と尋ねると、「布商人（の）藤内を送る」と言う。角左衛門は、非常に驚き不思議に思って、その葬列の後につき従って墓地に到着すると、（そこは）とりもなおさず昨日女房に会った場所である。

今見れば、家もなく跡も失せて、ただ草蕭々たる野原なり《断定・終》。その地を掘り葬るところを見れば、藤内が女房の棺あり。棺の中に、あたらしき足袋一双、餅、果物ありのまま見ゆ。また、そのかたはらに古き塚二つあり。これを問へば、すなはち「その舅姑の塚なり《断定・終》」と。その年数を問へば、「十年に及ぶ」と言ふ。角左衛門、

今見ると、家もなく跡かたもなくなって、ただ草がもの寂しく風にそよいでいる野原である。その地を掘って葬るところを見ると、（そこに）藤内の女房の棺桶がある。その棺桶の中に、新しい足袋一揃《そろ》い、餅、果物が（昨日）あったとおりに見える。また、その（穴の）傍に古い墓が二つある。この墓のことを尋ねると、まさに「その（女房の）夫の両親の墓である」と（言う）。その（墓ができた）年数を尋ねると、「（できてから）十年になる」と言う。角左衛門は、

感激にたへず、送りし（過去・体）者に右のあらまし語り、鳥目など配り与へて、ともに送葬の儀式を資け、かつ跡の弔ひのことまで(ウ)ねんごろにはからひて、そののち都へのぼりける。

深い感動をこらえきれず、葬送した者に今までのあらましを話し、金銭などを配って与えて、一緒に（藤内の）葬儀を手助けし、そのうえ後の供養のことまで**心を込めて**処置して、その後で都へのぼった。

C ああ、この女房、死すといへども婦道を忘れず、舅姑に孝行を尽くして夫を待つ。いはんや、その生ける（存続・体）時は知りぬ（強意・終）べし。

ああ、この女房は、死んでも婦人として守るべき道を忘れず、義父母に孝行を尽くして夫を待つ。**ましてや**、その生前の（婦道を忘れなかった）ことがわかるだろう。

［出典：『狗張子』第七巻　死後の貞烈］

□ねんごろなり【懇ろなり】①心が込もっているさま。丁寧なさま。②親密なさま。

□いはんや【況んや】言うまでもなく。まして。

源《げん》氏《じ》物《もの》語《がたり》

作品解説 ■ 平安時代中期の長編物語。紫式部《むらさきしきぶ》作。「桐壺《きりつぼ》」から「夢浮橋《ゆめのうきはし》」まで全五十四帖《じょう》。前半は光源氏《ひかるげんじ》を、後半は光源氏の子薫《かおる》大将を主人公として、さまざまな愛と苦悩を描く。「橋《はし》姫《ひめ》」以降の十帖は、「宇治十帖《うじじゅうじょう》」と称される。後代の日本文学に大きな影響を与えた。

試行調査

別冊（問題） p. 16

解答

問一	問二	問三	問四	問五
④ 50.1%	(ア) ③ 63.1%	③ 28.2%	⑤ 32.8%	②
	(イ) ① 28.8%			⑥
	(ウ) ② 34.7%			
7点	5点×3	7点	7点	（順不同）7点×2

*全て正解30.8%、一つ正解42.8%

*%は実施時発表の正答率

目標点 28/50

*参考：実施時発表の平均点は21.4点

問題文の概要

● あらすじ ●

第一段落（1〜6行目）

薫の恋人であった浮舟《うきふね》は、匂宮《におうのみや》と深い関係になったことを後悔し、自分の現状を薫に知られることを恥ずかしく思う。一方で、また姿を遠くからでも見たいと思ったり、それは間違った心だと反省したり、浮舟の心は揺れる。

第二段落（7〜16行目）

気分が優れず、老尼が用意した粥《かゆ》なども断っているところに、下賤《げせん》な法師がやって来て、僧都《そうず》が下山すると言っているのを聞いた浮舟は、これを機に僧都によって出家を果たそうと決意する。

第三段落（17〜21行目）

部屋に戻った浮舟は、自ら髪をとかし、母親に出家する前の姿を見せられないことを悲しく思って、僧正遍昭《そうじょうへんじょう》の歌の一節を口ずさむ。

●内容解説●

前半は過去の過ちを後悔しながらも薫への未練を断ちがたい浮舟の揺れる心が描かれ、後半は出家を決意するも母親の気持ちを思いやる浮舟の苦しい心中が僧正遍昭の歌を引いて描かれています。

設問解説

問一　心情説明

まずは、傍線部Ａ「心ひとつをかへさふ」を訳します。

> ①心ひとつ ― を ― ②かへさふ
>
> ① 名 心そのもの。
>
> ② 動【返さふ】思い直す。反省する。
>
> **直訳** ▼ 心そのものを反省する

傍線部Ａの心情説明は、引用を表す「と」や「など」に着眼し、その前に書かれた内容を見て判断します。

読解ルール　「と」「など」は同じことの言い換えを表す！

「など」は引用を表す格助詞の「と」と同じ働きで、言い換えを表すので、直前にある「など」の受ける内容が「心ひとつをかへさふ」の内容と同一であるはずです。「など」が直接受ける内容は、４行目の「かくてこそありけれと……かくだに思はじ」となります。

普通なら、この該当箇所を検討すれば正解を出せます。ところが、『源氏物語』は、心内文と地の文の境目がわかりにくく、カギ括弧が付いていないことが多いために、どこまでが心情なのか判断が難しいのが特徴です。

本文を見ると、1行目から浮舟の心情が語られています。カギ括弧がないのでわかりにくいですが、1行目「身を思ひもてゆけば」、2行目「さすらへぬるぞと思へば」、3行目「飽きにたる心地す」、3行目「この折《をり》かの折など、思ひ出《い》づる」、これらはすべて浮舟の心情描写です。

このように、第一段落で語られているのは、いくつかに分かれてはいますが、すべて浮舟の心情です。場面に変化はないので、冒頭から傍線部Aまでに語られている心情は一続きのものと捉えることができます。

よって、設問の「ここでの浮舟の心情」の「ここ」は、傍線部Aの直前の「かくてこそありけれ……かくだに思はじ」だけでなく、第一段落全体を指したものだと判断し、選択肢の内容と本文の該当箇所を照らし合わせて、矛盾点の有無を検討します。

①「匂宮に対して薄情だった自分」が間違い。1行目の「あはれと思ひ聞こえけむ心」は、浮舟が匂宮を「いとしいと思い申し上げていた心」の意味で、矛盾する。また、「匂宮との縁があってこそだと感慨にふけっている」が間違い。2行目の「この人の御ゆかりにさすらへぬるぞ」は「匂宮とのご縁のせいでさすらってしまった」の意味で「感慨にふけっている」わけではない。

②「不思議なほどに匂宮への愛情を覚え満ち足りた気分」が間違い。2行目「などてをかしと思ひ聞こえけむとこよなく飽きにたる心地す」は、「どうしてすばらしいと思い申し上げたのかとすっかり嫌気がさした気持ちがする」の意味で、矛盾する。

③3行目の「薄きながらものどやかにものし給《たま》ひし人」は「愛情があっさりしていながら穏やかでいらっしゃった人」の意味で、「薫は……淡々とした人柄」に合致するが、「時には匂宮以上に情熱的に愛情を注いでくれた」という描写は本文にないので間違い。

④4行目「かくてこそありけれ……人よりまさりぬべし」が該当して矛盾点がない。

「かくてこそありけれ……人よりまさりぬべし」を訳します。

かく ― て ― こそ ― あり ― ①けれ ― と ― 聞きつけ ― ②られ ― ③奉ら ― ④む ― 恥づかしさ ― は、― 人 ― より ― まさり ― ⑤ぬ ― ⑥べし

① 助動「けり」の已然《いぜん》形。（係助詞「こそ」の結び。）詠嘆［～ことよ］

②助動「らる」の連用形。受身［～される］
③補動「奉る」の未然形。謙譲［～申し上げる］
④助動「む」の連体形。婉曲《えんきょく》［～ような］
⑤助動「ぬ」の終止形。強意［きっと～］
⑥助動「べし」の終止形。推量［～だろう］
＊「～ぬべし」＝きっと～だろう

直訳▼ このようにしていたことよと聞きつけられ申し上げるようなことの恥ずかしさは、人よりきっとまさるだろう

この直訳を選択肢と照らし合わせると、④の「小野《おの》でこのように生活していると薫に知られたときの気持ちは、誰にもまして恥ずかしいだろうと想像している」には矛盾点がありません。

⑤すべてが間違い。

これを判断するためには、5行目「さすがに、……思はじ」までの読解が必要なので、ここを訳します。

①さすがに、―②この世―に―は、―③ありし―御さま―を、―④よそながら―⑤だに、―⑥いつかは―見―⑦むずる―と―⑧うち思ふ、―⑨なほ―⑩わろ―の―心―⑪や、―⑫かく―⑬だに―思は―⑭じ

①副 そうはいってもやはり。
②名 現世。
③連体 以前の。
④副 遠くにいながら。
⑤副助 最小限の希望［せめて～だけでも］
⑥副 いつ～か。
⑦助動「むず」の連体形。推量［～だろう］
⑧「うち」（接頭語）＝ちょっとした動作などを表す。
⑨副 やはり。
⑩形「わろし」の語幹。よくない。→P.127「形容詞の語幹の用法」
⑪間助 詠嘆［～だなあ］
⑫副 このように。ここは「ありし御さまを……見むずる」を指す。
⑬副助 類推［～さえ］
⑭助動「じ」の終止形。打消意志［～するまい］

直訳▼ そうはいってもやはり、現世では、以前の御様子を、遠くからでも、いつ見るだろうかとふと思うのは、やはりよくない心だなあ、このような（薫の姿を見るという）ことさえ思うまい

副詞の「いつかは」には疑問と反語の意味があり、それによって解釈が違ってきます。「いつかは……なほわろの心や」を改めて訳します。

・「いつかは」＝**疑問**の場合

「いつ薫の姿を見るだろうかと思うのはよくない心だ」

→薫の姿を**見る**という考えを否定

・「いつかは」＝**反語**の場合

「いつ薫の姿を見るだろうか、いや見ることはないと思うのはよくない心だ」

→薫の姿を**見ない**という考えを否定

「いつかは」を反語とすると、選択肢⑤の前半部分「薫の姿を遠くから見ることすら諦めようとする自分を否定し」には矛盾点がないように見えてしまいます。しかし、出家とは世俗の執着を捨てることであり、家族にさえも会えないものなので、リード文にあるように浮舟が出家を考えている以上、薫への執着を捨てようとしていて、**「薫の姿を見るという考えを否定」しているのと捉えるのが妥当**です。よって、「いつかは」は疑問の意味となり、反語の意味に捉えている選択肢⑤「薫の姿を遠くから見ることすら諦めようとする自分を否定し」が間違いで、それを踏まえた「薫との再会を期待して気持ちを奮い立たせている」も間違いとなります。

以上から、**正解は④**となります。

第一段落には、出家を考えつつも過去のことを思い出すと薫への執着が捨てきれないが、そのような自分を否定して反省するという浮舟の揺れ動く心情が描かれています。　**解答** ④

問二　解釈

傍線部(ア)　まず、選択肢を見ます。すべての選択肢が「(お)……なさい」と尊敬語の解釈となっているので、この設問は「聞こし召す」の意味を問うものだとわかります。

> 「聞こし召せ」＝四段活用動詞「聞こし召す」の命令形。
> 聞こし召す 動 (1)「聞く」の尊敬語。お聞きになる。
> (2)「食ふ」「飲む」の尊敬語。召し上がる。
> (3)「治む」の尊敬語。統治なさる。

「聞こし召す」は多義語なので、根拠を探します。

読解ルール　「て」は同じことの言い換えを表す！

「聞こし召せ」の前後の、言い換えを表す「て」に着眼すると、「粥《かゆ》などむつかしきことどもをもてはやし」＝「聞こし召せ」となります。「もてはやして」は「御馳走《ごちそう》のようにして」の意味で、「粥などを用意して」ということなので、「聞こし召せ」は「食ふ」の尊敬語の命令形だと判断できます。よって**正解は**③となります。

傍線部(イ)

> こちなし［形］「骨なし」の終止形。無骨である。無作法である。

単語の意味を知っていれば、辞書的な意味に最も近い①「気が利かない」を選ぶことができます。「こちたし」という古語が「大げさだ」という意味なので、これと混同してはいけません。もし単語の意味を知らなかった場合は、少し難しいかもしれません。傍線部(イ)の前にある「ことなしび給ふ」は、「知らぬふりをなさる」という意味で、老尼が用意した粥を浮舟が「知らぬふりをしている」ということです。続く「強《し》ひて言ふ」は、知らぬふりをしている浮舟に対して老尼が「粥を食べるように無理にすすめる」ということです。**この老尼の行動を「こちなし」と評価している**のだと読み取ることができれば、正解のチャンスはあります。**正解は**①となります。

傍線部(ウ)

> さかしら［名］利口ぶってふるまうこと。でしゃばってよけいな口出しをすること。

単語の意味を知っていると、選択肢①「知ったかぶりをする人」と②「口出しをする人」に絞ることができます。どちらがよいか、本文から根拠を探します。言い換えを表す「て」に着眼すると、「さかしら人すくなく」＝「よき折」となります。ここは、浮舟が出家の機会をうかがっている場面なので、出家するのに「よき折」とは、「出家を邪魔する人が少ないとき」ということになります。よって、**「さかしら」は、「出家を邪魔する」の意味合いを持っている**と考えられます。「口出し」は、「他人の話に割り込んで自分の意見を言うこと」で、「邪魔」という要素があります。よって、**正解は**②となります。

解答 (ア)③　(イ)①　(ウ)②

問三　内容説明

この設問は「登場人物についての説明」となっていますが、実質的には「内容合致問題」と同じです。選択肢と本文の該当箇所を丁寧に照らし合わせて、矛盾点の有無を検討します。

①7行目「心地もいとあし（＝気分もまったく優れない）」、8行目「なほ臥《ふ》し給へるに（＝そのまま臥せっていらっしゃると）」「いびきの人は……ことなしび給ふ（＝いびきの主の尼君は……知らぬふりをなさる）」に合致する。

②10行目の「下衆下衆《げすげす》しき法師ばら……いとはなやかに言ひなす」にある法師の発言内容が、「一品《いっぽん》の宮の物《もの》の怪《け》の調伏のためには僧都が来なければ効験がないと言って、高貴な人物から呼ばれた」ということなので、合致する。

③11行目の「一品の宮……下りさせ給ふなり」が「山の座主《ざす》の修法《ずほう》でも効果がない一品の宮のために僧都が下山することになった」という内容なので、矛盾する。

④13行目の「右大臣殿の四位少将、……后《きさい》の宮の御文など侍《はべ》りければ（＝右大臣殿の四位少将が、……后の宮の御手紙などがございましたので）」と合致する。

⑤15行目の「心地のいとあしう……ほけほけしううなづく」が、「僧都が下山したら、受戒したいので、そう伝えてくださいとの浮舟の言葉に、とぼけた顔でうなずく」という内容なので、合致する。

よって、**正解は③**となります。

解答 ③

問四 内容説明

まずは傍線部Bを訳します。

親―に―①いま―一たび―②かう―③ながら―の―さま―を―④見え―⑤ず―⑥なり―⑦な―⑧む―こそ、―⑨人やり―なら―ず―いと―⑩悲しけれ

①「いま一たび」＝もう一度。
②副 副詞「かく」のウ音便。このように。
③接助 状態の継続［～のままで］
④動「見ゆ」の未然形。見せる。
⑤助動「ず」の連用形。打消［～ない］
⑥動「なる」の連用形。～になる。
⑦助動「ぬ」の未然形。強意［～てしまう］
⑧助動「む」の連体形。婉曲［～ような］
⑨「人やりならず」（連語）＝「他がさせることでなくて、自分の意志でする」の意味。
⑩形「悲し」の已然形。（係助詞「こそ」の結び。）

直訳▼親にもう一度このままの姿を見せなくなってしまうようなことは、自分の意志でしたことであるがとても悲しい

傍線部Bの前の状況を確認すると、出家を決意した浮舟が、普段は尼君にとかしてもらっている髪を少し自分でとかしている状況です。出家するときには長い髪を切ってしまうので、まだ長いままの髪をとかしているということです。

以上を踏まえて選択肢を検討します。

①「すっかり容貌の衰えた」が間違い。傍線部Bの直後に「髪も……何ばかりもおとろへず、いと多くて、……うつくしかりける」とある。

②「見られないように姿を隠したい」が間違い。訳で示したとおり、「見えずなりなむ」は「見せなくなってしまうようなこと」という意味で、「姿を隠したい」という願望表現ではない。

③「他人である尼君の世話を受けざるを得ない浮舟の苦境」が間違い。①②で見たように、この「悲しけれ」は**出家していない姿を親に見せられなくなることを悲しんでいる**ということ。

④「他人を責める」が間違い。訳で示したとおり、「人やりならず」は「自分の意志で」の意味なので他人を責めてはいない。

ここまで見ると、選択肢①～④が明らかに間違いであり、残った選択肢⑤が正解となるはずなので、検証しましょう。

傍線部Bは、確かに浮舟の心情なので、会話文（心内文）としてカギ括弧の中に入ってもよい内容です。これを会話文にせずあえて地の文にしているということです。**問一**でも解説したように、『源氏物語』では地の文と会話文（心内文）の区別がつきにくいのが特徴です。

『源氏物語』は作者（語り手）が昔の話を語るという形をとっているので、**地の文は、作者（語り手）が読者（聞き手）に直《じか》に語りかけている叙述**ということです。「『……悲しけれ』と思ひ給ふ」は、「会話文」によって、浮舟の心情を作者が引用する形で客観的に語っているのに対して、「……悲しけれ」は、「地の文」で、浮舟の悲しみを作者が浮舟になりかわって直接読者（聞き手）に語りかけています。よって、浮舟の心情が直接伝わり、結果として読者に強く訴えかける効果が生まれるということです。従って、**正解は⑤**となります。

この設問は正解となる⑤が難しいので、実際は消去法で解くことになります。①～④は単語力や文法力があればわかる内容なので、基本的な学習が大切だということです。

浮舟の悲しみを理解するためには、出家するということが、家族を含めた世俗のすべてを捨てることであり、家族にとっては決して好ましいことではないということを知っておくことも重要です。

ここで出家を表す語をまとめておきます。

関連メモ 「出家」を表す慣用表現

山に入《い》る・家を出《い》づ・世を出づ・世を離《はな》る・世を捨つ・世を遁《のが》る・世を厭《いと》ふ・世を背く・様変《さまか》ふ・御髪《みぐし》おろす・頭《かしら》おろす・もとどり切る・尼剃《そ》る

解答 ⑤

問五 和歌の解釈を踏まえた内容説明 難

浮舟の「かかれとてしも」という引き歌の内容を解釈する設問です。この問題はただ元の歌を示すだけでなく、それについての詳しい情報や生徒と教師の会話を加えています。これは解答のための重要なヒントとなるので、しっかり読みます。選択肢を見ると、③の生徒Cと④の生徒Dは①の生徒Aの意見に同意していて、⑤の生徒Eと⑥の生徒Fは②の生徒Bの意見に同意しているので、まずは選択肢①の生徒Aと選択肢②の生徒Bの内容を見ます。

選択肢の①と②では遍昭の和歌が解釈されています。これを比べると、母の心情に大きな違いがあります。

① 母は私が出家することを願って髪をなでた

② 母は私が出家することを願って髪をなでたはずがない

和歌を詳しく解説します。

---

①たらちねは ＝ ②かかれ③とて④しも ＝ ⑤むばたまの ＝ 我《わ》が黒髪を ＝ なで⑥ず⑦やあり⑧けむ

① 名 母。

② 動 「かかり」の命令形。このようである。

③ 格助 引用［〜と思って］

④ 副助 強意［訳は不要］

⑤ 「むばたまの」＝「黒」や「夜」にかかる枕詞《まくらことば》。「ぬばたまの」とも。

⑥ 助動 「ず」の連用形。打消［〜ない］

⑦ 係助 疑問［〜か］・反語［〜か、いや〜ない］

⑧ 助動 「けむ」の連体形。過去推量［〜ただろう］

係助詞「や」の意味によって二つの解釈ができます。

・「や」＝**疑問**の場合

直訳▼母はこのようであれと思って私の黒髪をなでなかっただろうか。

・「や」＝**反語**の場合

直訳▼母はこのようであれと思って私の黒髪をなでなかっただろうか、いやそうではない（このようであれとは思わないで私の黒髪をなでたはずだ）。

反語の「や」は強い否定の働きで、ここは「なでず」だけでなく「かかれとてしも……なでず」全体を否定しています。

「かかれ」は選択肢①と②の解釈から、「出家すること」を指しているとわかります。「かかれ」という命令形には願望の意味が含まれるので、これを踏まえて改めて訳すと、

・「や」＝**疑問**の場合

解釈▼「母は私が出家することを願って私の黒髪をなでなかったのだろうか」

これは「出家を願っていた」という部分は選択肢①に合致しますが、「なでなかったのだろうか」の部分は合致しません。

・「や」＝**反語**の場合

解釈▼「母は私が出家することを願わないで私の黒髪をなでたはずだ」

これを言い換えると、「母は私が出家することを願って私の黒髪をなでたのではないはずだ」となり、選択肢②と同義です。このように、「や」を疑問とした解釈は①と合致せず、「や」を反語とした解釈が②と合致して、正解となります。

古文には、自分にとって大切な人が出家するのを悲しんだり許さなかったりする場面が多く見られます。たとえば同じ『源氏物語』に、光源氏の最愛の妻である紫《むらさき》の上《うえ》が病で衰弱したときに出家を望むけれど、源氏は絶対にそれを許さないという場面があります。出家は俗世間を捨てることであり、光源氏のことも捨てるということですから、決して許せることではないのです。「や」を厳密に考えると難問に見えますが、「親は我が子の出家を願わない」ということを踏まえると、遍昭の母親は息子の出家を願っていなかったと考えて、和歌の解釈をしなくても選択肢②が正しいと判断するのが合理的です。

念のためにこの歌が詠まれた状況を見ると、遍昭は自分が仕えていた深草帝《ふかくさ》が亡くなってしまい、家族にも知らせず出家してしまいます。『遍昭集《へんじょうしゅう》』の引用部分の最後の「さすがに、親などのことは、心にやかかり侍《はべ》りけむ」は「そうはいってもやはり、親などのことは、気にかかったのでしょうか」の意味で、この歌は、出家した遍昭がそれでも親のことを気遣って詠んだものだということです。親の願いどおりに出家したのであれば、親を気遣う必要はありません。親の願いに反しているからこそ、親のことが気がかりになるはずです。つまり、**遍昭には、「母は私が出家することを願っていなかった」という認識があった**ということです。よってこの時点で、選択肢②が正しく、従って、①の生徒Aの意見に同意している③と④も間違いということになります。

残る⑤と⑥の違いを見ましょう。

⑤「出家以外に道はないとわりきった浮舟の潔さ」

⑥「出家に踏み切るだけの心の整理を、浮舟はまだできていない」

つまり、このときの浮舟の心境がどういうものだったかということです。

浮舟は遍昭に自分を重ねて引き歌をしています。出家した遍昭ですら親のことは気がかりだったのだから、**出家前の浮舟はよりいっそう親への思いから心の整理がつかずにいる**のだと判断できます。よって⑤の「わりきった潔さ」は間違いで、⑥が正解だとわかります。また、**問四**で見たように、浮舟の出家は母親にとって好ましいことではなく、出家していない姿を母親に見せられないことを悲しく思っているので、このことからも「わりきった潔さ」という解釈は成り立ちません。よって正解は②と⑥になります。

テスト本番ならこれで完了ですが、ここでは、選択肢③と④も検討します。

③「遍昭と同じくお母さんの意向に沿った生き方をしようとしている」が間違いなので、それを受ける「つまり」以下も間違い。

④「薫か匂宮と結ばれて幸せになりたい」というのが浮舟の本心だという根拠が本文中にない。よって「自分も遍昭のように晴れ晴れした気分で出家できたら」も間違い。

解答 ②・⑥

関連メモ **枕詞**

枕詞は一定の語を導き出す修飾語で、主に五音からなります。代表的なものを紹介します。

たらちねの……「母」「親」
ぬばたまの……「黒」「髪」「夜」
あかねさす……「日」「紫」
ひさかたの……「光」「空」
とりがなく……「東《あづま》」
くさまくら……「旅」

現代語訳

あさましうもてそこなひたる身を思ひもてゆけば、　宮を、すこしもあは
浅はかなことにも間違いを犯してしまった身の上のことをいろいろ考え続けていくと、宮〔＝匂宮〕を、少しでも
れと思ひ聞こえけむ心ぞいとけしからぬ、　ただ、この人の御ゆかりに
いとしいとお思い申し上げたという心がまことに不都合な（ことであった）、ただ、この方とのご縁で定めなき身と
さすらへぬるぞと思へば、小島の色を例に契り給ひしを、などてをか
なってしまったのだと思うと、小島の色を引き合いにして変わらぬ愛をお誓いになったのを、どうしてうれし
しと思ひ聞こえけむとこよなく飽きにたる心地す。　はじめより、薄きな
く素敵なこととお思い申し上げたのだろうとすっかり嫌気がさしてしまった気がする。最初から、あっさりしていな
がらものどやかにものし給ひし人は、この折かの折など、思ひ出づるぞこよなかり
がらも穏やかに構えていらっしゃった方〔＝薫〕は、このときは（こうであった）あのときは（こうであった）などと、
ける。　かくてこそありけれと聞きつけられ奉らむ恥づ
思い出すにつけて格別に優れているのであった。こうして（まだ生きながらえて）いたことよと（薫に）聞きつけられ
かしさは、人よりまさりぬべし。　さすがに、この
申し上げるようなことの恥ずかしさは、他の人（に聞きつけられる）よりもまさるに違いない。それでも、この現世で、
世には、ありし御さまを、よそながらだに、いつかは見むずるとうち思ふ、なほわ
昔ながらのお姿を、せめて遠くからでも、いつ見ることがあるだろうかとふと思ったりするのは、やはりよ

重要語句

□あさまし　①驚きあきれるばかりだ。②情けない。③考えが浅はかだ。
□けしからず【怪しからず】①異様だ。②はなはだしい。③不都合である。
□ゆかり【縁】縁。縁者。
□さすらふ【流離ふ】さまよい歩く。落ちぶれて寄るべのない身となる。
□ちぎる【契る】①約束する。②男女が愛を誓う。夫婦の縁を結ぶ。
□をかし　①すばらしい。美しい。趣がある。②こっけいだ。③愛らしい。かわいらしい。
□こよなし　はなはだしく違っているさま。格段である。この上もない。
□あく【飽く】①満足する。②飽きていやになる。
□ものす【物す】種々の動詞の代わりに用いる。①～をする。②いる。ある。
□ありし【在りし・有りし】①以前の。

ろの心や、かくだに〔類推〕思はじ、など**A**心ひとつをかへさふ。
くない心だなあ、（もう）こんなことさえ思うまい、などと心の中だけで反省している。

からうして鶏の〔主格〕鳴くを聞きて、いとうれし。　母の御声を聞きたらむ〔仮定・体〕は、まし
ようやくのことで鶏が鳴くのを聞くと、（浮舟は）とてもうれしい。母のお声を聞くのであったら、なおさらどん

ていかならむ〔推量・体〕と思ひ明かして、心地もいとあし。　供にてわたるべき人も**とみ**
な（にうれしい）だろうと思いながら夜を明かして、気分もまったく優れない。付き添って行くはずの女童《めのわらわ》も**すぐには**

に来ね〔打消・已〕ば、なほ臥し給へる〔存続・体〕に、　いびきの人はいととく起きて、粥など**むつかし**
現れないので、そのまま臥せっていらっしゃると、いびきの主の尼君は実に朝早くから起きて、粥など**食べる気もし**

きことどもを**もてはやし**て、　「御前に、とく（ア）**聞こし召せ**」など寄り来て言へど、
ないものをいろいろさも**御馳走のようにし**て、「そなたも、早く**お食べなさい**」などと近寄って来て言うけれど、

まかなひもいと**心づきなく**、**うたて**見知らぬ〔打消・体〕心地して、　「**なやましく**なむ〔強意（↓省）〕」と、
（この人たちの）給仕も本当に**気にいらない**し、（こんなことは）**嫌な**初めての心地もして、「**気分が悪い**ので」と、**そ知ら**

ことなしび給ふを、強ひて言ふもいと（イ）**こちなし**。　下衆下衆しき法師ばらなど
ぬふりをなさるのを、無理に（食べるように）言うのもまったく**気が利かない**。いかにも下衆といった感じの法師たち

あまた来て、「僧都、今日下りさせ〔尊敬・用〕給ふべし」、「などにはかには」と問ふなれ〔推定・已〕ば、
などが大勢やって来て、「僧都が、今日山をお下りになるはずです」（と言うと）、「どうして（そんなに）急に」と尋ね

「一品の宮の〔主格〕御物の怪に**なやま**せ〔尊敬・用〕給ひける、山の座主御修法仕まつらせ〔尊敬・用〕給へ
るらしく、「一品の宮が御物の怪にお**煩い**でいらっしゃったのを、山の座主が御修法をお勧め申し上げておられます

---

②生前の。

□よそながら【余所ながら】他の所にいながら。遠く離れていながら。

□わろし【悪し】①よくない。②下手だ。

□とみに【頓に】急には。すぐには。

□むつかし【難し】①うっとうしい。②気味が悪い。③面倒だ。

□もてはやす【もて囃す】①とりたててほめそやす。②歓待する。

□きこしめす【聞こし召す】①「聞く」の尊敬語。お聞きになる。②「食ふ」「飲む」の尊敬語。召し上がる。③「治む」の尊敬語。統治なさる。

□こころづきなし【心付き無し】気にくわない。

□うたて　①ますます。ひどく。②異様に。③いとわしく。情けなく。

□なやまし【悩まし】気分が悪い。

□ことなしぶ【事無しぶ】何事もなかったようなふりをする。知らぬふりをする。

□こちなし【骨なし】①無作法だ。②無骨で、風流でない。

ど、なほ僧都参り給はでは**験**なしとて、昨日二たび**なむ**《強意(↓)》召し侍り**し**《過去・体(↑)》。右大臣殿

が、やはり僧都が参内なさらなくては**効験**がないということで、昨日再度お召しがございました。右大臣殿の四

の四位少将、昨夜夜更けて**なむ**《強意(↓)》登りおはしまして《(↑流)》、后の宮の御文など侍り**けれ**《過去・已》ば下

位少将が、昨夜夜が更けてから山に登っておいでになりまして、后の宮の御手紙などがございましたので（今

り**させ**《尊敬・用》給ふ**なり**《断定・終》」など、いとはなやかに言ひなす。恥づかしうとも、あひて、尼に

日）下山なさるのです」などと、まことに勢い込んだ言い方をする。気詰まりで恥ずかしいけれども、（僧都に）会っ

なし給ひてよと言は**む**《意志・終》、(ウ)**さかしら人**すくなくてよき折**に**《断定・用》**こそ**《強意(↓省)》と思へば、起きて、

て、尼にしてくださいと言おう、**口出しする人**も少なくてよい折であろうと思うので、起き出して、

「心地**の**《主格》いとあしうのみ侍るを、僧都**の**《主格》下り**させ**《尊敬・用》給へら**む**《仮定・体》に、忌むこと受け侍ら**む**《意志・終》と

「気分が本当に悪うございますので、僧都が下山なさったら、仏教の戒律をお受けしたいと存

なむ《強意(↓)》思ひ侍るを《(↑流)》、さやうに聞こえ給へ」と**語らひ**給へば、ほけほけしううなづく。

じますので、そのように申し上げてください」と**相談**なさると、（老尼君は）いかにもぼけた様子でうなずく。

例の方に**おはし**て、髪は尼君のみ梳り給ふを、別人に手触れ**させ**《使役・未》

（浮舟は）いつもの部屋に**お戻りになっ**て、髪は（普段は）尼君だけがとかしなさるので、他の人に手を触れさせる

む《婉曲・体》もうたておぼゆるに、**手づから**、はた、**え**せ**ぬ**《打消・体》こと**なれ**《断定・已》ば、ただすこしとき下して、

ようなことも嫌な気がするが、**自身で**は、とはいえ、**できない**ことなので、ただ少しだけときおろして、

B 親にいま一たびかう**ながら**のさまを見えずなり**な**む《婉曲・体》**こそ**《強意(↓)》、**人やりならず**いと**悲し**《形・已(↑)》

母親にもう一度**このまま**の姿を見せずじまいになってしまうようなことが、**自ら望んだこと**ながら本当に悲

□なやむ【悩む】病気になる。

□しるし【験・徴】①効果。ご利益。②前兆。

□さかしらびと【賢しら人】利口ぶる人。おせっかいな人。

□かたらふ【語らふ】①話を交わす。相談する。②（特に男女が）親しく交際する。③味方に引き入れる。

□おはす【御座す】「あり」「行く」「来」の尊敬語。いらっしゃる。

□てづから【手づから】①自分の手で。②自分自身で。みずから。

□え〜ず　〜できない。

□ながら　〜のままで。〜のままの状態で。

□ひとやりならず【人遣りならず】他がさせることでなくて、自分の意志でする。

けれ。いたうわづらひし〔過去・体〕けに〔断定・用〕や〔疑問(↓省)〕、髪もすこし落ち細りに〔完了・用〕たる心地すれど、何ば

しい。重く煩ったせいであろうか、髪も少し抜け細ってしまった気がするけれども、それほ

かりもおとろへず、いと多くて、六尺ばかりなる〔断定・体〕末などぞ〔強意(↓)〕うつくしかりける〔過去・体(↑)〕。筋な

ども衰えず、まことにふさふさとしていて、六尺ほどもある髪のすそなど美しいものであった。毛筋な

ども、いとこまかにうつくしげなり。「かかれとてしも」と独りごちゐ給へり。

ども、実に隙間もなく**美しい様子である**。「かかれとてしも」とひとり（古歌を）口ずさんでいらっしゃる。

［出典：『源氏物語』手習］

問五『遍昭集』

なにくれといひありきし〔過去・体〕ほどに、仕まつりし〔過去・体〕深草の帝隠れおはしまして、かはら

あれやこれやと言って歩き回っているうちに、お仕えしていた深草帝がお亡くなりになって、代替わり

む〔婉曲・体〕世を見む〔婉曲・体〕も、堪へがたくかなし。蔵人の頭の中将などいひて、夜昼馴れ仕ま

するような世の中を見るようなことも、耐えがたく悲しい。（遍昭は）蔵人《くろうど》の中将などといって、一日中（帝《みかど》のおそば

つりて、「名残りなからむ〔婉曲・体〕世に交じらはじ」とて、にはかに、家

で）馴《な》れ親しみお仕えして（いたので）、「未練のないようなこの世には交わるまい」と言って、突然に、家の人にも知

の人にも知らせ〔使役・未〕で、比叡に上りて、頭下ろし侍りて、思ひ侍りし〔過去・体〕も、さすがに、親

らせず、比叡山《ひえいざん》に上って、髪を下ろして出家しまして、（そうは）思いましたが、さすがに、親など

□け【故】ため。せい。ゆえ。

□うつくしげなり【愛しげなり・美しげなり】いかにもかわいらしいさま。いかにも美しいさま。

などのことは、心にや かかり侍りけむ。
疑問(↓)　過去推量・体(↑)

のことは、気にかかりましたのでしょうか。

たらちねはかかれとてしもむばたまの我が黒髪をなでずや ありけむ
反語(↓)　過去推量・体(↑)

母はこのようであれと思って私の黒髪をなでなかっただろうか、いやこのようであれと思わないでなでただろう。
（母はこのように出家せよと思って私の黒髪をなでたはずがない。）

［出典：『遍昭集』］

2

3 物語

山路《やまじ》の露《つゆ》

作品解説 ■ 鎌倉時代初期の擬古物語。『源氏物語《げんじものがたり》』の続編として書かれた作品の一つ。「宇治十帖《うじじゅうじょう》」の「夢《ゆめ》の浮橋《うきはし》」の続編に位置付けられる。建礼門院右京大夫《けんれいもんいんうきょうのだいぶ》の作かともいわれる。

共通テスト

別冊（問題） p. 26

解答

問一	(ア) ①	(イ) ③	5点×2
問二	②		6点
問三	⑤		6点
問四	②	⑤	（順不同）7点×2
問五	③	⑤	（順不同）7点×2

目標点 31／50

問題文の概要

● あらすじ ●

第一段落（1～5行目）

今さら会っても仕方ないと思いながらも、せめて昔の話を語り合いたいとの思いから男君は女君の住むところへと急ぐ。山道では随身《ずいじん》が手際よく露を払う中を進む。

第二段落（6～11行目）

女君の住まいは比叡山《ひえいざん》のふもとにあった。男君は童《わらわ》に中の様子をうかがわせ、女君しかいないと知ると、自分ひとりで中に入った。

第三段落（12～30行目）

女君は勤行していたが、それを終えて月を眺める横顔は魅力的で、女君が歌を口ずさむと、男君はこらえきれず、歌を返して女君に近寄った。女君は化け物かと思ったが、男君だと気づき、自分が見つけ出されてしまったことを嘆いて呆然《ぼうぜん》とする。

●内容解説●

前半の女君のもとへひたすら急ぐ男君の女君への思慕の念と、後半の男君に見つかってしまった女君の嘆きと苦悩が対照的に描かれています。

『源氏物語』の最終帖「夢の浮橋」の続編で、薫《かおる》と浮舟《うきふね》の後日談として書かれたものです。男君は薫、女君は浮舟です。**2講**の『源氏物語』と続けて読むと、より味わいが増します。

擬古物語とは、『源氏物語』などの平安時代の作り物語を模倣して鎌倉時代に作られた物語です。主な作品に『松浦宮物語《まつらのみやものがたり》』『石清水物語《いわしみずものがたり》』『苔《こけ》の衣《ころも》』などがあります。

設問解説

問一 解釈

傍線部を品詞分解して訳し、選択肢と照らし合わせます。

傍線部(ア)

①かつは ― ②あやしく

① 副 一方では。

② 形「あやし」の連用形。不思議だ。

直訳▼一方では不思議で

ここは、男君が「女君のもとへ急ぐ」自分に対する気持ちを表しています。「かつは」の意味を知らなくても、「あやし」が不可解を表す形容詞であることを知っていれば答えを出すことができます。**正解は①**です。「今はそのかひあるまじき（今さら女君を訪ねても無駄だろう）」と思う一方で、急ごうとする自分を、どうしてここまでするのかと不可解に思っているということです。

傍線部(イ)

①はかなく ― ②しなし ― ③たる

①形「はかなし」の連用形。頼りない。
②動【為成す】仕立てる。
③助動「たり」の連体形。存続［〜ている］

直訳▼頼りない様子に仕立ててある

ここは、「小柴《こしば》」（小柴垣。丈の低い垣）の様子を表しています。「はかなし」が「もろく頼りない」感じを表す形容詞であることを知っていると、②と③に絞ることができ、「しなす」が動詞だとわかれば、動詞を訳出していない②を除くことができます。「形ばかり」とは「体裁だけ・ほんの少し」の意味です。「はかなし」の対義語は「はかばかし」で「しっかりしている」の意味です。女君の住まいの「小柴」が「しっかりとしたものではなかった」ということです。

よって、正解は③となります。

解答 (ア)①　(イ)③

問二　内容説明（文法を含む）

まずは二重傍線部を品詞分解して訳します。

①ありし｜世｜の｜②夢語り｜を｜③だに｜④語り合はせ｜⑤まほしう、｜行く先｜急が｜⑥るる｜御心地｜⑦に｜⑧なむ

①「ありし世」（連語）＝生前・以前。
②名 夢のような話。
③副助 最小限の希望［せめて〜だけでも］
④動「語り合はす」の未然形。互いに語り合う。
⑤助動「まほし」の連用形「まほしく」のウ音便。願望［〜したい］
⑥助動「る」の連体形。自発［自然と〜される］
⑦助動「なり」の連用形。断定［〜だ］
⑧係助 強意［訳は不要］。下に「ある・あらむ」などの省略。

直訳▼以前の夢のような話だけでもせめて語り合いたく、行く先を自然と急がれるお気持ちであろう

「御心地」は、女君のもとへ急ぐ男君の気持ちです。

「ありし世」は、リード文に「男君との恋愛関係」とあり、男君と女君はかつて恋愛関係にあったことがわかるので、「生前」ではなく「以前」の意味で、「昔恋愛関係だったとき」を指し、「夢語り」は「そのころの二人の語らい」を指していると判断できます。

選択肢を順に見ていきましょう。

①「前世からの縁」「夢想していた」が間違い。

②「だに」と願望の「まほし」が使われて、せめて語り合いたいという望みが読み取れるので、正しい。
③「せ」は使役の助動詞ではない。「語り合はせ」は一語。
④「るる」は可能の意味ではない。「自発」で、「自然と急いでしまう」という意味。男君のはやる気持ちの現れ。
⑤「侍《はべ》らめ」が間違い。係助詞「なむ」の結びは連体形なので、「侍らむ」が正しい。

よって、正解は②となります。

解答 ②

問三　内容合致

内容合致問題なので、選択肢の記述の該当箇所をリード文や本文から探して、照らし合わせます。

① ○❶女君のもとへ行く途上、○❷先導の者が露を払いながら進むのを見て、×❸山道の雰囲気に合う優美な様子だと思っていた。

→❶はリード文の「女君の住む山里を訪ねる」と合致する。
❷は5行目「御前駆《さき》の露はらふ様」と合致する。
❸が間違い。4行目の「つきづきしく」は、「露払いをする様子が随身にふさわしい」という意味。「をかしく見ゆ」は、随身がてきぱきと露払いをする姿が「素敵に（格好よく）見える」ということ。

② ○❶童に女君の住まいの様子を調べさせたが、×❷その童が余計な口出しをするのを×❸不快に思い、黙っているように命じた。

→❶は6行目「まづかの童《わらは》を入れて、案内み給《たま》へ」と合致する。
❷が間違い。7行目「こなたの」から始まる童の発言は、男君の命令に応じた報告。従って❸も間違い。

③ ○❶女君の住まいの様子が、×❷かつて二人で過ごした場所の雰囲気によく似ているのを見て、×❸懐かしさを覚えた。

→❶は12行目「小柴といふもの」以下と合致する。
❷が間違い。12行目「同じことなれど」は「他の住まいと同じだけれど」の意味。
❸が間違い。12行目「いとなつかしく」は、直後に「よしある様なり（風情のある様子である）」とあるように、「小柴垣が形ばかりしつらえてある女君の住まい」に対して「心惹《ひ》かれる」気持ち。

④ ○❶木陰から垣間見たところ、×❷仏道修行に励んでいる女君の姿を目にし、女君の×❸敬虔《けいけん》さに改めて心ひかれた。

→❶は13行目「軒近き常磐木《ときはぎ》の……たち隠れて見給へ」が合致する。
❷が間違い。16行目に「行ひはてぬる（勤行が終わった）」とあり、男君が女君の姿を見たのは勤行が終わった後。
❸が間違い。20行目「額髪《ひたひがみ》のゆらゆら……らうたげさまさりて」は女君の優美で可憐《かれん》な様子で、男君はそれに改めて心を惹かれた。

⑤ ○❶独り歌を詠み涙ぐむ女君の、○❷可憐な姿を目にするうちに、○❸隠れて見ているだけでは飽き足りなくなってしまった。

→❶は23行目「しのびやかにひとりごちて、涙ぐみたる様」、❷は21行目「らうたげさまさりて」がそれぞれ合致する。

❸は、23行目「しづめ給はずやありけむ」が「心を静めなさらなかったのだろうか」の意味で、「隠れているだけでは気持ちが収まらなかった」という説明と矛盾しない。

よって正解は⑤です。

解答 ⑤

問四 内容合致

問三と同じく、該当箇所を探して選択肢と照らし合わせます。

① ○❶突然現れた男君を○❷化け物だと思い込み、○❸着物の袖をつかまれたことで、×❹涙がこぼれるほど恐ろしく感じた。

→❶は26行目「ふと寄り給へる」、❷は26行目「化け物などいふらむものにこそ」、❸は27行目「袖を引き寄せ給ふままに」がそれぞれ合致する。

❹が間違い。26行目「むくつけくて」は袖をつかまれる前の、近寄ってきた男君を化け物だと思ったときの気持ち。27行目「せきとめがたき」は「涙を止められない」の意味だが、これは男君が主語。

② ○❶目の前の相手が男君であることを知って動揺し、○❷化け物であってくれたほうがまだ○❸あきらめがつくと思った。

→❶は27行目「それと見知られ給ふは、いと恥づかしう口惜しくおぼえ」、❷は28行目「ひたすらむくつけきものならば」、❸は28行目「いかがはせむ（どうしようもない）」がそれぞれ合致し、間違いや矛盾がない。

③ ×❶男君ほどつらい思いをしている者はこの世にいないだろうと世間が噂《うわさ》しているのを聞き、×❷不愉快に感じていた。

→❶が間違い。このような記述はない。

❷は28行目「憂きことに思ひ」が合致するように読めるが、これは自分がここにいることを男君に聞かれてしまったことに対する心情。

④ ○❶男君に見つかってしまったのは、×❷歌を口ずさんだのを聞かれたせいに違いないと思い、×❸軽率な行動を後悔した。

→❶は30行目「見あらはされ奉りぬる」が合致する。

❷は間違い。このような記述はない。従って❸も間違い。

⑤ ○❶男君に姿を見られてしまい、○❷もはや逃げも隠れもできない状況になってしまったことを悟って、○❸途方に暮れた。

→❶は、はっきりとした記述はないが、26行目「ふと寄り給へる」や27行目「袖を引き寄せ給ふ」とあり矛盾しない。

❷は29行目「のがれがたく」、❸は30行目「せむかたなくて、……我にもあらぬ様」がそれぞれ合致する。間違いや矛盾がない。

⑥ ×❶男君が以前とは打って変わってひどくやつれているのを見て、×❷その苦悩の深さを知り、同情の気持ちがわいた。

→❶は間違い。このような記述はない。
❷が間違い。苦悩しているのは女君。「同情の気持ちがわいた」は30行目「いとあはれなり」が該当するように読めるが、これは、女君の「我にもあらぬ様（呆然としている様子）」に対して、物語の語り手が「あはれなり（気の毒だ）」と述べたものなので、間違い。

よって、**正解は②と⑤**となります。

解答 ②・⑤

問五　内容説明

選択肢に本文の該当箇所が示されているので、該当箇所を探す必要はなく、本文と選択肢を照らし合わせます。

①「遠く離れた場所に住む……月が明るく照らし出す」が間違い。3行目「千里《ちさと》の外《ほか》まで思ひやらるる心地する」は「遠くに思いをはせる」の意味。

「夜の山道を行くことをためらっていた」が間違い。**問二**で見たように、男君は自然と急いでいる。「迷い」がなかったのだから、「心の迷いが払拭された」も間違い。

②「男君の面影を重ねながら」が間違い。「月の顔」は月を擬人化したもので、月をじっと見るときに用いる表現。

読解ルール　**「と」「とて」は同じことの言い換えを表す！**

言い換えの「と」と「て」に着眼すると、「いみじの月の光や」＝「ひとりごち」＝「月の顔を……ながめたる」なので、「女君は美しい月の光をじっと眺めていた」のであって、「男君を思い出していた」とする根拠はない。また、「男君がいつかは……不安に思っていること」は、仮に正しいとしても「明示」されてはいない。

③「女君の横顔は、男君の目には昔と変わらないように見えた」は18行目「かたはらめ、昔ながらの面影ふと思し出《い》でられて」が合致する。「かたはらめ」は「横顔」、「昔ながら」は「昔のまま」の意味。

「月の光が……照らし出し」は19行目「月は残りなくさし入りたるに、……見えて」が該当する。月が全体に差し込んでいるということは、女君にも光が当たっていると解釈できる。

「以前とは異なる魅力を男君に発見させている」は20行目「いみじうなまめかしう……忍びがたうまもりゐ給へる」が該当する。「このような（尼姿）こそがかわいらしさがまさってじっと見つめなさる」ということは、「以前とは異なる魅力を」「発見させている」という説明と矛盾しない。

④選択肢の内容が和歌に関係するので、女君の歌を訳して、
趣旨（言いたいこと）を確認します。

> 里①わか②ぬ＝③雲居の月の＝④影⑤のみや＝見⑥し
> ⑦世の秋に＝かはらざるらむ
>
> ①動【分く】分け隔てする。
> ②助動「ず」の連体形。打消［〜ない］
> ③名 空。
> ④名 光。
> ⑤副助 限定［〜だけ］
> ⑥助動「き」の連体形。過去［〜た］
> ⑦名 時。
>
> **直訳**▼どの里も分け隔てなく照らす空の月の光だけが、昔見たときの秋と変わらないのだろうか。
>
> **趣旨**▼自分は以前とすっかり変わってしまったが、月の光だけは昔と変わらない。

「女君が月を見て二度まで独りごとを言う」は18行目「ひとりごちて」、23行目「しのびやかにひとりごちて」が合致する。

「仏道修行に専念する生活」は、「専念する」の部分に対する根拠がない。

「月だけが……忘れさせてくれる存在であった」が間違い。

女君の歌は、月を見て昔の自分を思い出しているという内容。

⑤和歌の解釈と矛盾点がない。
「月の影のみ」の「のみ」によって、「月の光だけは昔のままで、他は変わってしまった」ということを意味し、「変わらない月の光」を見ることで女君が「変わってしまった自分」を意識していると解釈できる。

⑥選択肢の内容が和歌に関係するので、男君の歌を訳して、
趣旨を確認します。

> ①ふるさとの＝月は涙に＝②かきくれて＝
> その世③ながらの＝影は見ざりき
>
> ①名 なじみの土地（ここではかつて女君と過ごした場所）。
> ②動【掻き暗る】暗くなる。
> ③接助 状態の継続［〜のままで］
>
> **直訳**▼なじみの土地の月は涙で真っ暗になってそのときのままの光は見なかった。
>
> **趣旨**▼あなたを失った悲しみの涙にくれて昔と同じ月の光を見ることはなかった。

「答える形で詠まれたもの」は、本文23行目に「ひとりごちて（独りごとを言って）」とあるが、それを聞いて男君が詠んでいるので正しい。

「かつての女君の姿を月にたとえて」が間違い。「月」は女君とともに見た月であり、「女君の姿」のたとえではない。本文18行目に「昔ながらの面影」とあることから、「影」は「（月の）光」に「（女君の）面影（姿）」の意味が掛けられて、「女君の姿を見なくなった」との含みを持たせている。

「出家を惜しんで」が間違い。男君は女君を失ったことを悲しんでいる。「出家を惜しんで」が間違いなので、それを受けた「女君の苦悩を理解しない男君の、独りよがりな心」も間違い。

よって、**正解は③と⑤**です。選択肢の記述内容にはっきりと該当する本文がある場合は照合しやすくわかりやすいですが、表現が少しひねってあったりすると、判断が難しい場合があります。「間違い」の根拠は本文に絶対にあるはずなので、それを見逃さないことが重要です。

共通テストは、本文の内容を言い換えた選択肢の中から、正しく言い換えているものを選ぶ、もしくは間違った言い換えになっているものを除く、この作業をいかに素早くできるかが鍵です。「本文と選択肢を照らし合わせる」この練習をたくさん行ってください。

解答 ③・⑤

現代語訳

夕霧たちこめて、道**いと**たど**たどしけれ**ども、深き心を**しるべ**にて、急ぎわたり

夕霧が立ち込めて、道は**とても**（暗くて）**よくわからない**けれど、（女君への）深い思いを**導き**として、急いで行きな

給ふも、(ア)**かつはあやしく**、今はそのかひあるまじきを、と思せども、

さるにつけても、**一方では不思議で**、今となってはその〔＝会いに行く〕かいもあるまい、とお思いになるけれど、

ありし世の夢語りを**だに**（最小限の希望）語り合はせまほしう、行く先急がるる御心地**に**（断定・用）**なむ**（強意（↓省））。

せめて**昔の**夢のような話だけでも語り合いたく、行く手がおのずと急がれるお気持ちであろう。

浮雲はらふ**四方**の嵐に、月なごりなうすみのぼりて、千里の外まで**思ひやら**るる

空に浮かぶ雲を払う**四方八方**から吹く嵐で、月がすっかり澄みきって空に昇って、はるか遠くまで**思いやられる**気がするの

心地するに、**いとど**思し残すことあらじかし。山深くなるままに、道いと**しげう**、

で、ますますもの思いを残しなさることはないだろうよ。山が深くなるにつれて、道にはたいそう**草が生い茂**

露深ければ、御随身いと**やつし**たれど**さすがに**つきづきしく、御

り、露が深いので、お供の従者はとても**目立たない身なりをして**いるけれども**そうはいっても**（随身に）**似つかわしく**、御

前駆**の**（主格）露はらふ様も**をかしく**見ゆ。

先払いが露を払う様子も**趣深く**見える。

かしこは、山のふもとに、いとささやかなる所**なり**（断定・用）けり。まづかの童を入れて、

かの〔＝男君の目指す〕ところは、比叡山のふもとで、とてもこじんまりした所であった。まず例の童を入れて、

重要語句

□いと　①非常に。②（打消の表現を伴って）たいして。

□たどたどし　おぼつかない。はっきりしない。

□しるべ　導き。案内。

□かつは【且つは】一方では。

□あやし【怪し】不思議だ。【賤し】①粗末で見苦しい。②身分が低い。

□ありし【在りし・有りし】①以前の。②生前の。

□よも【四方】あちこち。いたるところ。

□おもひやる【思ひやる】①思いをはせる。②同情する。

□しげし【繁し・茂し】①草木が茂っている。②多い。③絶え間ない。

□やつす【窶す】①目立たない姿にする。②出家する。

□さすがに　そうはいってもやはり。

□つきづきし【付き付きし】似つかわ

案内み給へば、
様子をうかがいなさると、

「こなたの門だつ方は鎖して侍るめり。竹の垣ほしわたしたる所に、通ふ道の侍るめり。ただ入らせ給へ。人影もし侍らず」
「こちらの門のように見えるほうは鍵をかけてあるようです。竹垣を巡らした所に、通る道があるようです。そのままお入りください。人影もございません」

と聞こゆれば、
と（ご報告）申し上げると、

「しばし音なくてを」
「しばらく音をたてるなよ」

とのたまひて、我ひとり入り給ふ。
とおっしゃって、自分ひとりでお入りになる。

小柴といふもの(イ)**はかなく**しなしたるも、同じことなれど、いと**なつかし**く、**よしある**様なり。妻戸も開きて、いまだ人の起きたるにや、と見ゆれば、しげりたる前栽のもとよりつたひよりて、軒近き常磐木の**所せく**ひろごりたる下にたち隠
小柴垣というものを**形ばかり**しつらえてあるのも、（よその庵《いおり》と）同じことであるけれど、とても**心惹かれ**、**趣のある**様子である。妻戸も開いていて、まだ人が起きているのであろうか、と見えるので、茂っている庭の植え込みのもとから次々に伝って近寄って、軒近くの常緑樹が**いっぱいに**広がっている下に立ち隠れてご覧になる

しい。ふさわしい。調和がとれている。

□をかし ①すばらしい。美しい。趣がある。②こっけいだ。③愛らしい。かわいらしい。

□はかなし【果無し】①頼りない。あっけない。②ちょっとした。つまらない。

□なつかし【懐かし】親しみやすく慕わしい。心惹かれる。

□よしあり【由あり】①由緒がある。②情緒がある。

□ところせし【所狭し】①狭い。②堂々としている。大げさだ。③窮屈だ。

れて見給へば、こなたは仏の御前**なる**〔断定・体〕べし。名香の香、いとしみ深くかをり出
と、 こちら側は仏の御前であるのだろう。 仏前でたく香が、とても深くたきこめられ香り出

でて、ただこの端つ方に**行ふ**人ある**にや**〔断定・用 疑問（↓省）〕、経**の**〔主格〕巻き返さるる音もしのびやかになつ
て、 すぐ近くの端のほうで**勤行をする**人がいるのだろうか、 経が巻き返される音もひっそりと心惹かれるように聞こ

かしく聞こえて、しめじめとものあはれなるに、なにとなく、やがて御涙すすむ心
えて、 しんみりとどこか趣があるので、 何というわけもなく、すぐにお涙があふれる感じ

地して、つくづくと見ゐ給へ**る**〔存続・体〕に、とばかりありて、行ひ**はて**ぬる**にや**〔断定・用 疑問（↓省）〕、
がして、つくづくと見続けなさっていると、 しばらく経《た》って、 勤行が**終わっ**たのだろうか、

「**いみじ**の月の光や」
「**たいへんすばらしい**月の光よ」

と**ひとりごち**て、簾の**つま**少し上げつつ、月の顔をつくづくとながめたる**かたはら**
と独りごとを言って、 簾《すだれ》の**端**を少し上げながら、 月の光をつくづくと物思いをしながらぼんやり見ている**横顔**

め、昔ながらの面影ふと思し出でられて、いみじうあはれなるに、見給へば、月は
は、（女君の）昔のままの面影がふと思い出されなさって、 たいへんしみじみと感じられるが、 （男君が目を凝らして）

残りなくさし入りたるに、 鈍色、香染など**にや**〔断定・用 疑問（↓省）〕、袖口なつかしう見
ご覧になると、 月の光はすっかり室内に差し込んでいるので、 鈍色《にびいろ》や、 香染《こうぞめ》などであろうか、 （女君の）袖口の色合いが心

えて、 額髪**の**〔主格〕ゆらゆらと削ぎかけられたるまみのわたり、いみじう**なま**
惹かれる様子に見えて、 額髪がゆらゆらと（垂れかかるように）切りそろえられた目元のあたりは、 たいへん**優美で気品に満**

□おこなふ【行ふ】①仏道修行をする。②実行する。治める。
□はつ【果つ】①終わる。なくなる。②死ぬ。③すっかり〜する。
□いみじ ①すばらしい。②ひどい。恐ろしい。③並々ではなくたいそうなことだ。
□ひとりごつ【独りごつ】独りごとを言う。
□つま【端】①端。②きっかけ。
□かたはらめ【傍ら目】横顔。
□なまめかし【生めかし・艶かし】①上品で優美だ。②若々しくみずみずしい。

めかしうをかしげにて、かかるしもこそ（強調(↓)）**らうたげ**さまさりて、（↑流）忍びがたうまもりゐ

ち趣がある様子で、こういう（尼姿）こそ**かわいらしい**様子が増して、（男君が）耐えきれず見つめ続けな

給へる（存続・体）に、なほ、とばかりながめ入りて、

さっていると、（女君は）相変わらず、しばらく物思いにふけって（月を）ぼんやり眺めて、

「里わかぬ（打消・体）雲居の月の影のみや（疑問(↓)）見し（過去・体）世の秋にかはらざるらむ（現在推量・体(↑)）」

「どの里も区別なく照らす月の光だけは、かつて見たあの頃の秋と変わらないのだろうか（私は出家して変わってしまったのに）」

と、しのびやかにひとりごちて、涙ぐみたる様、いみじうあはれなるに、まめ人も、

と、ひそやかに独りごとを言って、涙ぐんでいる様子は、たいへんしみじみと感じられるので、生真面目な人

さのみはしづめ給はずや（疑問(↓)）ありけむ（過去推量・体(↑)）、

〔＝男君〕も、それほどには心を静めなさらなかった〔＝気持ちを抑えられずにいた〕のだろうか、

「ふるさとの月は涙にかきくれてその世ながらの影は見ざりき」

「かつて通った（宇治の）里の月は、あなたが姿を消してから涙で目の前が真っ暗になって、その頃と同じ月を見ることはなかった」

とて、ふと寄り給へる（完了・体）に、いとおぼえなく、化け物などいふらむ（婉曲・体）ものに（断定・用）こそ（強意(↓省)）と、

と言って、ふと近寄りなさったところ、（女君は）まったく思いがけなくて、化け物などというらしいものであろうと、

むくつけくて、奥ざまに引き入り給ふ袖を引き寄せ給ふままに、せきとめがたき御

気味が悪くて、奥のほうに引っ込みなさる袖を（男君が）引き寄せなさると、涙を抑えられない（男君の）

気色を、さすが、それと見知られ（自発・用）給ふは、いと恥づかしう口惜しくおぼえつ

ご様子を、やはり、その人〔＝男君〕とおのずと見てわかりなさるのは、とてもきまり悪く不本意なことと（女君には）思われ

□をかしげなり　かわいらしい。趣がある。

□らうたげなり【労たげなり】かわいらしい。

□むくつけし　気味が悪い。恐ろしい。

つ、ひたすらむくつけきものならば**いかがはせむ**（反語・体）、世にあるものとも聞かれ（受身・用）奉りぬ

て、まるっきり不気味な化け物であるなら**仕方がない**が、（他ならぬ男君に）自分がこの世に生きているも

るを**こそ**（強意(↓)）は**憂き**（(↑流)）ことに思ひつつ、いかであらざりけり（詠嘆・終）と聞きなほされ（受身・用）奉らむ（意志・終）と、

のと聞かれ申し上げたことを**つらい**ことと思いながら、なんとかして生きていなかったのだなあと聞いて思い直していただ

とざまかうざまにあらまされ（自発・用）つるを、のがれがたく見あらはされ（受身・用）奉りぬると、**せむ**

こうと、あれこれ願っていたのに、逃れることはできず見つけ出され申し上げてしまったと、**どうしよ**

かたなくて、涙のみ流れ出でつつ、**我に**（断定・用）**もあらぬ**（打消・体）様、いとあはれなり。

うもなくて、涙ばかりが流れ出ては、**呆然としている**（女君の）様子は、とても気の毒である。

〔出典：『山路の露』〕

□いかがはせむ　①どうしたらよいか。②仕方がない。

□うし【憂し】つらい。いやだ。

□せむかたなし【為む方無し】どうしようもない。

□われにもあらず【我にもあらず】①正気を失っている。②不本意だ。

蜻蛉日記《かげろうにっき》

作品解説 ■ 平安時代に成立した日記。作者は右大将藤原《うだいしょうふじわらの》道綱母《みちつなのはは》。二十一年間の身辺の記録で、藤原兼家《ふじわらのかねいえ》との結婚生活を中心に、回想的に記している。女性の愛の苦悩が深く見つめられて表現されており、女流日記文学を代表する作品である。

共通テスト
別冊（問題） p. 36

解答

問一	問二	問三	問四	問五
(ア) ② (イ) ⑤	③ ⑥	⑤	(i) ⑤ (ii) ④	③
5点×2	（順不同）6点×2	7点	(i)6点、(ii)8点	7点

目標点 32／50

問題文の概要

● あらすじ ●

1 作者は母の葬儀や後始末を済ませたが、悲しみで眠れない夜を過ごす。このまま死んでしまいたいと思うが、息子のことを思うとつらい。

2 十日あまりが経《た》った頃、亡くなった人の姿が見えるという「みみらくの島」の話を僧たちがしているのを聞いた作者は、その島がどこか知りたいと歌を詠み、兄も母を訪ねたいと歌を詠んだ。

3 夫兼家は日々便りをよこすが、悲しみに呆然《ぼうぜん》とする作者は、兼家の手紙を煩わしく思う。

4 寺を出て家に向かう道中、行きにはいた母が帰りはいないために、車の中が安らかであることでかえって悲しみを募らせる。

5 家に着いて、母が生前手入れをしていた庭の草花が色とりどりに咲き乱れるのを見て、古歌の一節を口ずさみ、歌を詠んだ。

6 悲しみの癒えない中、四十九日《しじゅうくにち》の法事を行う。夫がすべてをとりしきってくれ、心細い作者のもとに以前より頻繁に通ってくる。

● **内容解説** ●

母親の死の直後から四十九日の法事を終えるまでの作者の心情が、家族や近親者とのかかわりを通じて描かれています。日記文ではめったに表記されない「我」や「わが」などが用いられている場面では、作者の強い悲しみが感じられます。

設問解説

問一 解釈

傍線部(ア) ポイントは「みな」の解釈です。

①みな—②し—③はて—④つ

① 名 すべての人やもの。副 すっかり。
② 動「す」の連用形。〜する。
③ 補動【果つ】〜し終わる。動詞の連用形に接続。
④ 助動「つ」の終止形。完了［〜した］

直訳 ▼「みな」し終えた

「みなし—はて—つ」と品詞分解すると、選択肢④の「見届け終わった」の意味になるので、これについては後に考察します。

「みな」は名詞にも副詞にもなるので、それを判断する必要があります。ここで選択肢を見ると、①は「みな」を名詞として「しはてつ」の主語とし、②は「みな」を副詞としていることがわかります。ここで、**注1**と**注2**を参照して、傍線部を含む一文の構造を見ると、

主語（S）　**目的語（O）**　**挿入**
（私は）　とかうものすることなど、（いたつく人多くて、）
葬式やその後始末など、（世話する人が多くて、）
述語（V）
みなしはてつ。
すっかりし終わった。

となっています。ここでの「しはつ」は他動詞なので、目的語を表す「を」は省略されていますが、「とかうものすることなど」が、「しはつ」の目的語だとわかります。（↓P.11「読解ルール解説」「を」「に」に着目して、文の構造を捉えよ！）

着眼点　**日記文において一人称（私）の主語は省略される！**

日記では「私（**作者**）」の主語が省略されるので、「しはてつ」の主語は「私」だと判断できます。つまり、「多くの人が世話をしてくれたので、葬式や後始末**を**すっかりし終わった」という意味になります。作者は葬儀などを執り行う立場であり、④の「見届け終わった」という解釈は間違いであると判断できます。よって、**正解は②**となります。

傍線部(イ)

ポイントは「さらに〜ず」と「ものおぼゆ」の意味です。

> ①さらに ― ②ものおぼえ ― ず
>
> ① 副（打消の表現を伴って）まったく。「さらに〜ず」で「まったく〜ない」。
>
> ② 動【物覚ゆ】意識がはっきりする。
>
> **直訳** ▼ まったく意識がはっきりしない

選択肢を見ると、どれも「〜くらい」の解釈で、傍線部(イ)は「悲し」を修飾しているとわかります。「おぼゆ」は知覚動詞なので、「おぼえ」を「たとえる」と訳している①を除くことができます。それ以外はどれも「おぼえ」の訳になっているので、この設問は「さらに〜ず」の意味を知らないと答えを出せないということです。「さらに〜ず」は強い否定を表し「まったく〜ない」の意味なので、**正解は⑤**となります。

解答　(ア)②　(イ)⑤

問二　内容合致

この設問は、内容合致問題です。本文が段落分けされ、どこを見るかも指定されています。選択肢の記述の該当箇所を本文から探して、照らし合わせます。

選択肢の検討に入る前に、作者と兄が詠んだ歌を訳して、趣旨（言いたいこと）を確認しておきます。

作者の歌

ありと①だに ＝ ②よそにても見む ＝ ③名にし負はば ＝
われに聞かせよ ＝ みみらくの島

① 副助 最小限の希望［せめて～だけでも］
② 名 遠く。
③ 「名に（し）負ふ」（連語）＝名を持つ。「し」は強意。

直訳▼せめてあるということだけでも遠くからでも見たい。（「耳楽」という）名を持っているならば、私に聞かせよ、みみらくの島よ。

趣旨▼亡き母の姿を遠くからでも見たいから、みみらくの島のある場所を教えてほしい。

兄の歌

いづことか ＝ ①音に②のみ聞く ＝ みみらくの ＝
③島がくれにし ＝ 人をたづねむ

① 「音に聞く」（連語）＝噂《うわさ》で聞く。
② 副助 限定［～だけ］
③ 動【島隠る】島のかげに隠れる。

直訳▼どこなのか、噂にだけ聞く「みみらくの島」は。（その）島に隠れてしまった人を訪ねて行きたい。

趣旨▼みみらくの島に隠れてしまった人（母）を、訪ねて行きたい。

以上を踏まえて、順に見ていきましょう。

①「僧たちが念仏の合間に雑談しているのを聞いて」は、4行目「僧ども念仏……聞けば」が合致する。「ひま」は「合間」、「物語する」は「雑談する」の意味。

「その不真面目な態度に」が間違い。「不真面目な態度」の記述はない。6行目「悲しう」は母親の死に対する悲しみ。

②「作者は『みみらくの島』のことを聞いて」は6行目「口々語るを聞くに」が合致する。「半信半疑で」が間違い。そのような記述はない。

「知っているなら詳しく教えてほしいと兄に頼んだ」が間違い。歌の「聞かせよ」は、「みみらくの島よ、その島のある場所を聞かせてほしい」の意味で、みみらくの島に頼んだのであって、兄に頼んだのではない。

③「聞いた作者の兄は」は、8行目「兄人《せうと》なる人聞きて」が合致する。

「その島の場所が……訪ねて行きたいと詠んだ」は、兄の歌の「島がくれにし人」が母を指し、「たづねむ」が「訪ねたい」の意味で合致する。

④ 全体が間違い。11行目「書きつづけて」の主語は兼家で、「穢《けが》らひの心もとなきこと、おぼつかなきこと」は兼家が手紙で伝えてきたこと。伝えた内容も間違い。

⑤「兼家は、……気遣っていたが」は、10行目「日々にとふめれど」が「毎日見舞いの手紙をよこす」の意味で合致する。「だんだんと……なっていった」が間違い。そのような記述はない。

⑥「作者は、……呆然とする余り」は、11行目「ものおぼえざりしほど」が合致する。「兼家から手紙を受け取っても」は、10行目「日々にとふ」と11行目「書きつづけて」が合致する。「かえってわずらわしく思った」は、11行目「むつかしきまで」が「わずらわしく思うほど」の意味で合致する。

よって、**正解は③と⑥**です。

解答 ③・⑥

問三 **心情説明**

これも解き方としては**問二**と同じく、内容合致問題なので、本文と選択肢を照らし合わせます。

---

① ○❶自宅には帰りたくないと思っていたので、×❷人々に連れられて山寺を去ることを○❸不本意に思っていた。

→❶は13行目「里にも急がねど」が合致する。
❷が間違い。そのような記述はない。
❸は、13行目「心にしまかせねば」が「思いどおりにならない」の意味で、不本意だったととれる。

② ○❶山寺に向かったときの車の中では、×❷母の不安をなんとか和らげようと、母の気を紛らすことに必死だった。

→❶は13行目「来し時は」が合致する。14行目の「安らかに」は「母を楽（な体勢）にする」という意味。
❷そのような記述はない。

③ 山寺へ向かう途中、×❶母の死を予感して×❷冷や汗をかいていたが、×❸それを母に悟られないように注意していた。

→❶が間違い。14行目「さりとも」は、「いくら何でも死なないだろう」の意味。
❷が間違い。14行目「わが身は汗になりつつ」は、母親が作者の膝に横になっているので暑くて汗をかいたということ。従って❸も間違い。

④ 山寺に到着するときまでは、△❶祈禱《きとう》を受ければ母は必ず回復するに違いないと、×❷僧たちを心強く思っていた。

→❶の記述はないが、寺に病人を連れて行くのは祈禱を受けるためとも考えられる。

❷が間違い。14行目「頼もしかりき」は母親の回復を期待する気持ち。

⑤ ○❶ 帰りの車の中では、介抱する苦労がなくなったために、
○❷ かえって母がいないことを強く感じてしまった。

→❶は14行目「此度《こたみ》は、いと安らかにて、あさましきまでくつろかに」が合致する。「くつろか」は「くつろいださま」の意味。

❷は、15行目「いみじう悲し」を、母の不在を強く感じて悲しんでいると解釈することができる。

よって、正解は⑤となります。

選択肢④のように、どちらとも判断がつかない場合や、はっきりとした記述はなくてもそのように推測できる場合は、それが解答の決め手にはならないので、必要以上にこだわらなくても大丈夫です。明らかに間違っているか、明らかに正しいことを判断の根拠にするということを頭に入れておいてください。

解答 ⑤

問四

(i) **内容説明**

「詞書《ことばがき》」は和歌の説明文のことなので、和歌以外の部分と選択肢を照らし合わせます。

①の検討のために、「人も住まずなりにける」を品詞分解して訳します。

人｜も｜住ま｜①ず｜②なり｜③に｜④ける

① 助動「ず」の連用形。打消［～ない］
② 動「なる」の連用形。～になる。
③ 助動「ぬ」の連用形。完了［～した］
④ 助動「けり」の連体形。過去［～た］

直訳▼人も住まなくなった

① 「伝聞」が間違い。「なり」は動詞。

② 「思わず見とれてしまった」が間違い。「見入る」は「中を見る」の意味。

③ 「垣根」が間違い。「前栽《せんざい》」は「庭先に植える草木・草木を植えた庭園」。

④ 「時の経過に対する驚き」が間違い。「はやく」は「以前・もともと」の意味。

⑤ 「侍《はべ》り」は「仕える」の謙譲語。「昔を思ひやりてよみける」の主語は「君が植ゑし」の歌の作者である「有助《ありすけ》」で、「自分がそこにお仕えしていたので」の意味となり、詞書の内

容と合致する。

よって、**正解は⑤**です。

(ii) **内容説明**

まずは、5段落の二重傍線部を見ます。

二重傍線部「ひとむらすすき虫の音《ね》の」は、家に戻った作者が庭を眺めて、つい口にした言葉です。

選択肢を見ると、①②は「親しかった人が残した植物の変化を描く」、③は「親しかった人が残した庭の様子を描く」、④⑤は「手入れする人のいなくなった庭の様子を描く」となっています。この部分では選択肢を絞ることはできません。表現に違いがあるだけで、よく似た内容だからです。そこで、**【資料】**の内容と選択肢を照らし合わせます。

①「利基《としもと》の死後は……庭の様子」は、**【資料】**1行目「藤原利基朝臣の……人も住まずなりにけるに」が合致する。

②「荒れ果てた庭の」は、**【資料】**2行目「荒れたりける」に合致する。

「『虫の音』によって強調されている」が間違い。「虫の音」は本来風流なものであり、寂しさを強調するとは言えない。

③「利基に聴かせたい」が間違い。そのような記述はない。

④「野原のように荒れた庭」は**【資料】**2行目「荒れたりける」、和歌の「野辺ともなりにける」に合致する。

「もの悲しさが詠まれている」は、自分のかつての主人の死やそれによって荒れた庭を見た心境はもの悲しいと考えられ、合理的である。

⑤「落胆」が間違い。「悲しみ」ととるのが妥当。

この時点で、残った選択肢は①と④なので、次に、5段落の内容を選択肢と照らし合わせます。

①「母が亡くなる直前まで……おかげで」が間違い。本文16行目「わづらひしよりはじめて、うち捨てたりければ」は「母が病気になって以来、庭が放置してあったので」という意味。

「色とりどりに花が咲いている」は、17行目「生ひこりていろいろに咲き乱れたり」が「生い茂って色とりどりに咲き乱れている」の意味で合致する。

④「亡き母が生前に注いだ愛情」は、16行目「もろともに……つくろはせし」が「一緒に端近くに出て、手入れをさせていた」の意味で、合致する。

「花が咲きほこっている」は、17行目「いろいろに咲き乱れたり」が合致する。

「感慨」は18行目「ながめ」が「ぼんやり物思いにふけること」の意味で、合致する。

よって、**正解は④**となります。

念のためその他の選択肢も見ます。②は「たくましさ」、③は「残しておきたい」、⑤は「安堵《あんど》」がそれぞれ間違いです。

解答 (i)⑤　(ii)④

問五 表現

段落の指定があるので、6段落の該当する本文と選択肢を照らし合わせます。

① 21行目「しなしためれば」、「しつつあめる中に」、23行目「行ひためれば」と、短い文章の中に「めり」が三回用いられている。そして、「婉曲《えんきょく》」とは「遠まわし」の意味で、これによって距離を表す。よって、「周囲の人々の様子をどこか距離を置いて見ている」は、正しい。

② 22行目「我のみぞ紛るることなくて」の「のみ」が限定の意味で、「自分だけが悲しみが紛れることがない」の訳になり、21行目「おのがじし」と「我」が対比され「作者の理解されない悲しみが表現されている」と言える。また、24行目「ましてわが心地は心細うなりまさりて」は、法要が終わって引き上げていく「みなおのがじし」と対比関係にあり、これも「作者の理解されない悲しみが表現されている」と言える。

③ 24行目「仏をぞ描《か》かせたる」は、作者が絵師に描かせたということ。「作者を慰めるために兼家が仏の姿を描いてくれた」が間違い。作者が自分の気持ちを仏の絵に託した。兼家が描いたのでも描かせたのでもないので、「感謝」も間違い。

④「親族が法要後に去って心細さまで加わった」は24行目「みなおのがじし行きあかれぬ。ましてわが心地は心細うなりまさりて」が合致する。25行目「いとどやるかたなく」は「ますます気の晴らしようがなく」の意味で、「作者の晴れない気持ち」は正しい。

⑤ 25行目「人はかう心細げなるを思ひて」は「兼家はこのように心細い私のことを思って」の意味で「悲しみに暮れる作者に寄り添ってくれる」は正しい。また、直後の「ありしよりはしげう通ふ」は「以前よりは足しげく通ってくる」の意味で、兼家が作者に寄り添っている証《あかし》。

よって、**正解は③**となります。

解答 ③

現代語訳

1 かくて、とかう**ものする**ことなど、**いたつく**人多くて、(ア)みなしはて
こうして、あれやこれや**すること**〔＝葬儀や後始末など〕を、**世話をする**人が大勢いて、すべて済ませた。
つ。いまはいと**あはれなる**山寺に集ひて、**つれづれ**とあり。夜、目もあはぬ[打消・体]ままに、
今はとても**しみじみと感じられる**寺に集まって、**所在ない思いで**過ごしている。夜、眠れないままに、嘆き明か
嘆き明かしつつ、山づらを見れば、霧は**げに**麓をこめたり。京もげに
しながら、山のあたりを眺めると、霧は**なるほど**（古歌さながらに）麓《ふもと》に立ち込めている。京（へ帰るに
誰がもとへかは[疑問(↓)]出でむ[意志・終]とすらむ[現在推量・体(↑)]、いで、なほここ**ながら**死なむ[意志・終]と思へど、生くる人
して）も本当に誰のもとへ帰ったらよいだろうか、いや、やはりここで**このまま**死にたいと思うが、私を死なせな
ぞ[強意(↓)]いと**つらき**[形・体(↑)]や。
いようにしている人〔＝息子の道綱〕がいるのはとても**つらい**ことだよ。

2 かくて十余日になりぬ[完了・終]。僧ども念仏の**ひま**に**物語する**を聞けば、「この亡くなり
こうして十日あまりになった。僧たちが念仏の**合間**に**雑談をする**のを聞くと、「この亡くなった人が、
ぬる人の[主格]、**あらはに**見ゆるところなむ[強意(↓)]ある[ラ変動・体(↑)]。さて、近く寄れば、消え失せぬ[完了・終]なり[伝聞・終]。
はっきりと見えるところがある。そのくせ、近寄ると、消え失せてしまうそうだ。
遠うては見ゆなり[伝聞・終]」「いづれの国とかや[疑問]」「みみらくの島となむ[強意(↓)]いふなる[伝聞・体(↑)]」など、口々
遠くからなら見えるそうだ」「それはどこの国かな」「みみらくの島というそうだ」など、口々に

重要語句

□ ものす【物す】①〜をする。②いる。③〜である。
□ いたつく【労く】①世話をする。②病気になる。
□ あはれなり ①しみじみと心を動かされる。②しみじみと美しい。③かわいい。いとしい。④かわいそうだ。胸がいたむ。
□ つれづれ【徒然】①することもなく退屈であること。②もの寂しいこと。
□ げに【実に】ほんとうに。そのとおりに。なるほど。
□ ながら 〜のままで。〜のままの状態で。
□ つらし【辛し】①薄情で思いやりがない。②つらい。心苦しい。
□ ひま【隙・暇】①すきま。②時間のゆとり。
□ ものがたりす【物語す】話をする。

語るを聞くに、いと知らまほしう、悲しうおぼえて、かくぞ《強意(↓)》いはるる《自発・体(↑)》。
話すのを聞くと、とても知りたく思い、悲しく感じられて、思わずこのように口ずさむ。

ありとだに《最小限の希望》よそにても見む《意志・終》**名にし《強意》負は**ばわれに聞かせよみみらくの島
せめて（亡き母が）いるということだけでも、遠くからなりと、見たいものだ。（耳を楽しませるという）**名前どおり**ならば、どこにあるのか聞かせておくれ、みみらくの島よ。

といふを、兄人なる《断定・体》人聞きて、それも泣く泣く、
と言うのを、兄である人が聞いて、その兄も泣きながら、

いづことか《疑問(↓)》音にのみ聞く《四動・体(↑)》みみらくの島がくれに《完了・用》し《過去・体》人をたづねむ《意志・終》
いったいどこにあるのか。噂にだけ聞く「みみらくの島」は。その島に隠れてしまった人（＝母）を、訪ねて行きたい。

3 かくてあるほどに、立ちながらものして、日々に**とふ**めれど、ただいまは何心もなきに、穢らひの**心もとなき**こと、**おぼつかなき**ことなど、**むつかしき**まで書きつづけてあれど、**ものおぼえ**ざりし《過去・体》ほどのことなれ《断定・已》ば　に《断定・用》や《疑問(↓省)》、おぼえず。
こうしているうちに、（あの人〔＝夫の兼家〕は）立ったまま面会しようとして、日々**見舞う**ようだが、（私のほうは）今はそれに応じる気持ちなどないのに、（夫は）穢れの（ために会えないことの）**もどかしさ**や、**頼りなさ**などを、**煩わしい**ほどに書き連ねてくるけれども、**意識がはっきりし**なかったときのことだからか、覚えていない。

4 **里**にも急がね《打消・已》ど、心にし《強意》まかせね《打消・已》ば、今日、みな出で立つ日になりぬ《完了・終》。来
家にも急いで（帰る気）はないけれど、思いどおりにはできないので、今日は、皆（寺を）引きあげる日になった。（山

□あらはなり　①丸見えだ。②はっきりしている。
□なにおふ【名に負ふ】名として持つ。
□とふ【問ふ・訪ふ】①見舞う。②尋ねる。③訪問する。
□こころもとなし【心もとなし】①はっきりしない。②気がかりで不安だ。③待ち遠しい。
□おぼつかなし　①はっきりしない。②気がかりで不安だ。③待ち遠しい。
□むつかし【難し】不快である。面倒である。
□ものおぼゆ【物覚ゆ】意識がはっきりする。物心がつく。
□さと【里】①自宅。実家。②人里。

し（過去・体）時は、膝に臥し給へりし（過去・体）人を、いかでか安らかにと思

寺に）来たときには、（私の）膝にもたれかかって横になっていらした人〔＝母〕を、何とか楽なようにと気を配りなが

ひつつ、わが身は汗になりつつ、**さりとも**と思ふ心そひて、**頼もしかり**き。

ら、自分は汗びっしょりになりながら、**いくら何でも**（回復するだろう）と思う希望もあって、**張りあいがあ**

此度は、いと安らかにて、**あさましき**までくつろかに乗られ（自発・用）たるにも、道す

った。今度は、まったく安楽で、**あきれる**ほどゆったり（車に）乗れたのにつけても、道すが

がらいみじう悲し。

らとても悲しい。

5 降りて見るにも、(イ)さらにものおぼえず悲し。もろともに出で居つつ、

（家に着いて車を）降りて（あたりを）見ると、まったく何もわからないくらい悲しい。（母と）一緒に（端近くに）出て座っ

つくろはせ（使役・用）**し**（過去・体）草なども、**わづらひし**（過去・体）よりはじめて、うち捨てたりけれ（過去・已）ば、

ては、**手入れをさせ**ていた（庭の）草花なども、（母が）**病気になって**以来、うち捨ててあったので、

生ひこりていろいろに咲き乱れたり。**わざと**のことなども、みなおのがとりどり

いっぱいに生い茂って色とりどりに咲き乱れている。（母のために）**特別に**行うこと〔＝供養〕なども、皆がそれぞれ思い思

すれば、我はただつれづれと**ながめ**をのみして、「ひとむらすすき虫の音の（主格）」と

いにするので、私はただ所在なく**ぼんやりと沈むこと**ばかりして、「ひとむらすすき虫の音の」と（いう古歌）ばか

のみぞ（強意(↓)）いはるる（自発・体(↑)）。

り口ずさまれる。

□ さりとも【然りとも】たとえそうであっても。それにしても。

□ たのもし【頼もし】①頼りに思われる。心強い。②楽しみに思われる。

□ あさまし ①驚きあきれるばかりだ。②情けない。③ひどい。見苦しい。

□ つくろふ【繕ふ】①直す。②着飾る。③とりつくろう。

□ わづらふ【煩ふ】①思い悩む。苦労する。②病気になる。

□ わざと ①わざわざ。特に。②本格的に。

□ ながめ【眺め】①もの思いに沈んで、ぼんやりと見ること。②見渡すこと。ながめること。【詠め】詩歌などをつくって口ずさむこと。

手ふれね〔打消・已〕ど花はさかりになりに〔完了・用〕けり〔詠嘆・終〕とどめおきける露にかかりて
手入れもしていないのに、花は真っ盛りになったことだ。（亡き母が）この世に残しておいた（いつくしみの）露を受けて。
などぞ〔強意（↓）〕おぼゆる〔下二動・体（↑）〕。
などと思われる。

6 これかれぞ〔強意（↓）〕殿上などもせね〔打消・已（↑流）〕ば、穢らひもひとつにしなしためれば、**おのがじし**ひき局などしつつあめる中に、我のみぞ〔強意（↓）〕紛るることなくて〔（↑流）〕、夜は念仏の声聞きはじむるより、やがて泣きのみ明かさる〔自発・終〕。四十九日のこと、誰も欠くことなくて、家にてぞ〔強意（↓）〕する〔サ変動・体（↑）〕。わが知る人、おほかたのことを行ひためれば、人々多くさしあひたり。わが**心ざし**をば、仏をぞ〔強意（↓）〕描かせ〔使役・用〕たる〔完了・体（↑）〕。その日過ぎぬれば、みなおのがじし行きあかれぬ〔完了・終〕。ましてわが心地は心細うなりまさりて、**いとどやるかたなく**、人はかう心細げなるを思ひて、**ありし**よりはしげう通ふ。

この人あの人〔＝身内の者〕は殿上などもしないので、喪に服すのも一緒にすることにしたようで、**それぞれに**部屋をしきったりしながら過ごしている様子の中で、私だけは（悲しみの）紛れることもなくて、夜は念仏の声を聞きはじめるときから、そのまま一晩じゅう泣き明かしてしまう。四十九日の法事は、誰をも欠かさずに、家で執り行う。私と関係のある人〔＝夫の兼家〕が、万事をとりしきってくれたようなので、人が多く参会した。（母を**供養する**）私の**気持ち**を（あらわそう）と、仏像を描かせた。その日が過ぎてしまうと、皆それぞれに引き上げて行って散りぢりになった。今まで以上に私の気持ちは心細くなって、**ますますどうしようもなく**、あの人〔＝兼家〕はこのような（私の）心細げな様子に同情して、**以前**よりは足しげく通ってくる。

［出典：『蜻蛉日記』上巻　母の死］

□ おのがじし【己がじし】それぞれに。
□ こころざし【志】①誠意。愛情。②お礼の贈り物。③意向。
□ いとど　いっそう。ますます。
□ やるかたなし【遣る方なし】①心を晴らす方法がない。②はなはだしい。
□ ありし【在りし・有りし】①以前の。②生前の。

問四『古今和歌集』

藤原利基朝臣《ふじわらのとしもとのあそん》の〈主格〉右近中将にて〈断定・用〉住み侍りける曹司の〈主格〉、身まかりてのち、人も住まずなりにける〈完了・用〉に、秋の夜ふけてものよりまうで来けるついでに見入れければ〈過去・已〉、もとありし〈過去・体〉前栽もいと繁く荒れたりけるを見て、はやくそこに侍りければ〈過去・已〉、昔を思ひやりてよみける

藤原利基朝臣が右近中将であって住んでおりました部屋が、亡くなった後、人も住まなくなってしまった頃に、秋の夜がふけて（御春有助《みはるのありすけ》が）ある所からやって来ましたついでに（この部屋を）外から見たところ、以前あった植え込みもひどく草が生い茂って荒れていたのを見て、（有助は）かつてそこにお仕えしていたので、昔に思いをはせて詠んだ

御春有助

御春有助

君が〈主格〉植ゑし〈過去・体〉ひとむらすすき虫の音の〈主格〉しげき野辺ともなりにける〈完了・用〉かな

あなたが植えた一叢《ひとむら》の薄《すすき》が、虫の声のおびただしい野原となってしまったよ。

〔出典：『古今和歌集』巻十六〕

5

評論

野守鏡《のもりのかがみ》

作品解説 ■ 鎌倉時代末期の歌論書。筆者は未詳。上下二巻のうち、上巻が京極為兼《きょうごくためかね》の伝統にとらわれない自由な歌風を批判する歌論となっている。

センター試験

別冊（問題） p. 46

解答

問一		問二	問三	問四	問五	問六	問七
(ア) ③	(イ) ①	①	③	③	④	④	⑤
5点×2		7点	8点	5点	8点	7点	5点

目標点

31/50

問題文の概要

● あらすじ ●

第一段落（1～10行目）

和歌には「世俗の詞《ことば》（＝日常的な言葉）」ではなく「大和詞《やまとことば》（＝優美な日本古来の言葉）」を用いるべきである。京極為兼の歌の言葉は歌に詠むにはふさわしくない言葉である。優美さのかけらもない猪《いのしし》を歌に詠むことで優美なものへと変えることができるからこそ、「大和詞」のおもしろさがある。ただ「世俗の詞」をそのまま詠んだのでは、優れた歌を詠むことはできない。

第二段落（11～23行目）

仏教書、儒教書、物語などは、それぞれ文体が異なる。和歌の詞と世俗の詞も一緒にしてはならない。藤原保昌《ふじわらのやすまさ》の歌の中の漢語を和泉式部《いずみしきぶ》が直した例からもわかるように、使う詞が違えばその心を失ってしまう。わずかに三十一文字でも深い心を表現した歌は人を感動させることができるが、為兼の「荻《をぎ》の葉を」の歌は、稚拙な表現のために長い文章にも劣って見える。

第三段落（24〜28行目）

上古《じようこ》の歌に修辞上の欠点があるからといって、今もその欠点を取り除こうとしないのは間違いである。たまたま欠点のある歌が勅撰集《ちよくせんしゆう》にあったとしても、それはその欠点を補って余りある長所があるからである。為兼の歌は欠点が許されるような長所もない歌である。

● 内容解説 ●

歌を詠むときに、どのような言葉を用いるべきであるかということについての筆者の主張を、例を挙げ根拠を示して繰り返し論じていますが、つまるところ、京極為兼の歌を徹底的に批判した文章です。

設問解説

問一　解釈

傍線部(ア)

選択肢を見ると、「いみじ」以外の部分は「歌ほど……ものはない」と訳しているので、「いみじ」の意味がポイントです。

「いみじ」は程度のはなはだしさを表す形容詞で、プラスの評価を表す場合には「すばらしい」、マイナスの評価を表す場合は「ひどい」など、**文脈によって意味を考えて解釈する**必要があるので、本文から解釈の根拠を探します。傍線部(ア)は、歌について寂蓮《じやくれん》が述べた発言の中にあります。傍線部(ア)の下の「猪の……やさしくなれり」は、傍線部(ア)の具体的な内容になっているので、この内容がわかれば答えを出すことができます。

「やさし」も「つらい・きまりが悪い・優美で風情がある・感心だ」などさまざまな意味があります。**注3**に枕詞《まくらことば》とあり、「枕詞」は和歌の修辞の一つで、筆者が肯定している優美な「大和詞」に属するものなので、「やさし」は「優美で風情がある」の意味と判断できます。「気味が悪く恐ろしそうな猪までが、『枯草《かるも》掻《か》く臥《ふ》す猪《ゐ》の床《とこ》』などと詠むと、優美になる」ということなので、「いみじ」は、**「猪」を優美なものに変える歌へのプラスの評価を表す**と判断できます。よって**正解は③**となります。②の「力強い」もプラスの評価ですが、「人に安心感を与えるさま」を表すので、不適です。

傍線部(イ)

誰《たれ》｜①か｜歌｜を｜詠ま｜②ざる｜③べき

①係助 疑問・反語［～か・～か、いや～ではない］
②助動「ず」の連体形。打消［～ない］
③助動「べし」の連体形。（係助詞「か」の結び。）
可能［～することができる］

直訳▼ 誰《だれ》が歌を詠めないだろうか（いや誰でも詠める）

選択肢の中で、否定文の疑問（または反語）の意味になっているのは、①しかありません。ここは、「大和詞」を用いて優れた歌を詠むことの**難しさ**との対比で、**「世俗の詞」をそのまま用いるなら誰でも簡単に歌を詠むことができる**という趣旨になるはずなので、係助詞「か」を反語の意味、「べし」を可能の意味と捉えて矛盾はありません。よって、正解は①となります。

解答 (ア) ③ (イ) ①

問二 適語の補充

空欄XとYは、藤原保昌の「早朝に」の歌を、妻の和泉式部が添削したものです。「歌詞《うたことば》にはかくこそ詠め」とあるように、和泉式部は夫の歌を「歌詞」に詠み換えたということです。「歌詞」は「大和詞」と同じなので、要するに**和泉式部は夫の歌の言葉を「大和詞」に換えた**ということになります。

では二つの歌を対応させてみましょう。

早朝に 起きてぞ見つる 梅花を 夜陰大風 不審不審に
↓ ↓
X 起きてぞ見つる 梅の花 夜の間の風の Y

Xには「早朝」と同じ意味の「大和詞」が、Yには「不審不審に」と同じ意味の「大和詞」が入るはずです。Xの選択肢を見ます。

①「朝まだき」＝まだ夜の明けきらない頃。
②「夜もすがら」＝一晩中。
③「朝ぼらけ」＝夜明け方。
④「ひねもすに」＝一日中。
⑤「つとめてに」＝早朝に。

この中で、「早朝」の意味ではない②と④を除くことができます。
Yの選択肢の意味を確認します。

①「うしろめたさに」＝気がかりで。心配で。
②「いぶかしければ」＝気がかりなので。疑わしいので。
③「吹きもこそすれ」＝「もこそ」が懸念を表し、「吹いたら困る」の意味。
④「すさまじければ」＝興ざめなので。
⑤「さうざうしさに」＝物足りなさで。寂しさで。

「不審不審に」は「疑わしい」の意味なので、空欄Xの段階で、②と④を除くことができていれば、一番近い意味の①「うしろめたさに」を選ぶことができます。空欄Yだけで判断しようとすると、「不審」と同じ意味として②「いぶかしければ」を選んでしまうかもしれません。③「吹きもこそすれ」は「夜の間に風が吹いて花を散らしたら困る」の意味で、いかにも歌意に合っているようですが、「不審不審に」は直接心情を表す言葉ですので、「吹きもこそすれ」では「不審不審に」を「大和詞」に詠み換えているとは言えません。よって、正解は①となります。

読解ルール　「と」は同じことの言い換えを表す！

和泉式部の歌の後に、「と和《やは》らげたりける」とあります。「と」は言い換えを表すので、**和泉式部が「大和詞」に詠み換えたことは、「和らげた」ということ**です。ここで改めて保昌の歌の詞を見ると、「早朝に」「不審不審に」などは漢語です。保昌は**注8**にあるように平安時代の貴族なので、日常的に漢文を読み書きしていました。ですから、保昌は歌に漢語を用いてしまったのです。この、漢語を「和らげる」という行為が、**問六**で重要になってきます。

解答 ①

問三　解釈

選択肢を見ると、「過ち」はすべて「間違い」と訳しているので、まずは「ゆゆしき過ちにて侍《はべ》り」を訳します。

ゆゆしき① ― 過ち ― に② ― て ― 侍り③
① 形「ゆゆし」の連体形。神聖で畏れ多い。不吉だ。はなはだしい。すばらしい。とんでもない。
② 助動「なり」の連用形。断定［～である］
③ 補動「侍り」の終止形。「あり」の丁寧語。［～ございます］
直訳 ▼「ゆゆしき」間違いでございます

わかりやすいところから検討します。まずは、「間違いだ」という意味になっていない選択肢①と⑤を除くことができます。また、「ゆゆし」には「取り返しがつかない」の意味はありませんし、「侍んめれとて」の「とて」は「と思って」「と言って」の意味なので、その訳出のない④を除くことができます。「ゆゆし」の意味としては②と③のどちらも間違いではないので、あとは指示語「さ」の内容で決めるしかありません。②の「稚拙な詞」は、21行目に「かの歌は詞つたなき」とありますが、これは、リード文の京極為兼の歌を批判したもので、「上古の歌」に関することではありません。よって**正解は③**となります。

読解ルール　「とて」は同じことの言い換えを表す！

「とて」は言い換えを表すので、「上古《じやうこ》の歌もさのみこそ侍んめれ」＝「病、禁忌をも除かざること」となり、「さ」の内容は、「病、禁忌をも除かざること」だと確認できます。指示語の内容は直前にあるとばかり思い込んでいると正しい理解ができない場合もあります。指示語の内容は前にも後にもある可能性があると思ってしっかり文意を捉えましょう。

解答　③

問四　文法

> **●「る」の識別●**
> **1　完了・存続の助動詞「り」の連体形**
> 　e音＋「る」
> **2　自発・可能・受身・尊敬の助動詞「る」の終止形**
> 　a音＋「る」

傍線部Bを品詞分解します。

「許さ｜る｜べき｜に｜や」

「許さ」は四段活用動詞「許す」の未然形なので、これで選択肢②と④を除くことができます。「許さ」の活用語尾「さ」はa音で、**a音＋「る」**の形の「る」は完了の助動詞ではないので、①を除くことができます。⑤の「『べき』は意志の助動詞の終止形」の「終止形」は明らかに間違いです。「べき」は「べし」の連体形です。よって、「る」の意味を考えるまでもなく答えが出ます。**正解は③**となります。選択肢に助けてもらうことは、共通テストではとても大切です。

解答　③

問五　内容合致

本文の該当箇所を探して、選択肢の記述と矛盾がないか（本文をきちんと**言い換え**ているか）検討します。

①８行目「人木石《ぼくせき》にあらざれば、……劣り優《まさ》る人もあることにては侍る」に合致する。

②19行目「百遍に書きたる文よりも……和らぐることにて侍る」に合致する。

③25行目「ただおのづから病ある歌を……言はざる義なり」に合致する。

④「洗練された詞」は、「大和詞」の言い換えと取れなくはない。「詞を飾り立て過ぎずに、見たまま、感じたままを率直に歌に詠むことも大切」という記述はない。

⑤「歌詞と世俗の詞にははっきりとした区別がある」
→12行目「何ぞいま和歌と世俗と同じくせんや」が該当する。
「実際には、詠み方しだいで、歌詞も世俗の詞となり世俗の詞も歌詞となる場合もある」
→17行目「ただ世俗の詞もよく詠めば……にて侍り」に合致する。

④以外は、すべて本文の記述に合致する箇所を見つけることができます。よって、**正解は④**となります。

解答 ④

問六　内容理解 難

選択肢に俳諧がたくさん並んでいます。このような設問に遭遇すると、戸惑いが先に立ってしまうかもしれませんが、冷静に設問を読んでください。**「和歌と同様に『やさしく和らげ』る趣旨でなされた推敲《すいこう》」**は、まさしく**問二**で和泉式部が夫の歌に対して行った添削です。波線部は**問二**の空欄よりも前に出てきますが、**問二**を解く前にこの波線部を考えようとしても、それはなかなか大変です。傍線部が出てくる順に解いていくのは時間短縮にもつながってよいのですが、この波線部「やさしく和らげ詠めばこそ」は一旦留保して本文を読み進めたいところです。**問二**を解いた後ならば、**問六**の「やさしく和らげ」は**問二**の和泉式部の歌の直後の「和らげたりける」と同じだと判断できます。つまり、**問二が問六**のヒントになるということです。**問二**で解説したように、和泉式部が行ったのは、**漢語を和歌的な「大和詞」に詠み換える**ということでした。選択肢の傍線部の中で漢語を用いているのは、④「馬上眠からんとして」「残月」しかありません。

①②③⑤は、どれも「大和詞」どうしの言い換えです。①は、言葉を一部変えて体言止めを主述の形に変えています。②は、名詞を変えています。③は、語順を入れ替えています。⑤は、形容詞を変えています。

④は、「馬上眠からんとして」を「馬に寝て」、「残月」を「月遠し」と、**「漢語」から「大和詞」**へ換えています。よって、

正解は④となります。

問六は、筆者の主張を実践しているのです。

設問の俳句の横にある「解釈」は、俳句を理解するのにとても参考になります。しっかり学習しておきましょう。

解答 ④

問七 **文学史**

①〜④まで、間違いはありません。

⑤「幕府の将軍であった源《みなもとの》実朝《さねとも》の命によって編纂《へんさん》された勅撰和歌集」が間違いです。『金槐和歌集《きんかいわかしゅう》』は源実朝の歌を集めた私家集なので、「源実朝の命によって編纂された」は誤り。また、「勅撰和歌集」の「勅撰」とは、「天皇が選んだ」「天皇の命令で編纂した」という意味ですから、将軍の命令によるものを「勅撰」とは言いません。よって、**⑤が正解**です。**問七**は文学史の設問ですが、重要語句の知識からも解ける設問だったということです。

解答 ⑤

関連メモ **「勅」を使った語句**

勅撰＝天皇・上皇自ら、または天皇・上皇の命令で詩歌や文章を選ぶこと。

勅命＝天皇の命令。

勅使＝勅命を伝える天皇の使者。

勅勘＝天皇のお咎《とが》め。

関連メモ **『古今和歌集《こきんわかしゅう》』仮名序《かなじょ》**

注9について補足説明をします。これは、『古今和歌集』の「仮名序」にある一節です。「仮名序」は紀貫之《きのつらゆき》によって書かれた、日本で最初の歌論です。入試でよく問われる一部を紹介します。

仮名序

やまとうたは、人の心を種《たね》として、万《よろづ》の言《こと》の葉《は》とぞなれりける。世の中にある人、ことわざ繁《しげ》きものなれば、心に思ふことを、見るもの聞くものにつけて、言ひ出《い》だせるなり。花に鳴く鶯《うぐひす》、水に住む蛙《かはづ》の声を聞けば、生きとし生けるもの、いづれか歌をよまざりける。力をも入れずして天地《あめつち》を動かし、目に見えぬ鬼《おに》神《がみ》をもあはれと思はせ、男女《をとこをんな》の仲をも和《やは》らげ、猛《たけ》き武士《もののふ》の心をも慰むるは歌なり。

現代語訳 和歌は、人の心を種として、（それから生じて）口に出た無数の葉となった（ものである）。この世に暮らしている人々は、公私さまざまの事件に絶えず応接しているので、心に思っていることを、見ること聞くことに託して、言い表しているのである。花間にさえずる鶯、清流にすむ蛙《かえる》の声を聞くと、この世に生を営むものとして、どれが歌を詠まないだろうか（いや、詠まないものはない）。力をも入れないで天地の神々の心を動かし、目に見えないたけだけしく恐ろしい神をも感激させ、男女の間をも親しくさせ、勇猛な武士の心さえもなごやかにするのが歌なのである。

仮名序の前半は和歌の定義を述べています。そして、後半は和歌の効用を述べています。「天地を動かし、……武士の心をも慰むる」とは、優れた歌は神々を感動させ、男女の仲や武士の心を和らげる力がある、ということです。

仮名序は、歌を論じるときの土台のようなものなので、特に赤で示した部分はしっかり覚えておきましょう。

現代語訳

それ世俗の詞を離れて大和詞を離るべからず。しかあれば口伝にも「詞

そもそも（和歌では）世俗の詞からは離れて大和詞からは離れるべきではない。だから和歌の指南書（＝『近代秀歌《きんだいしゅうか》』）

は古きを慕ひ、心は新しきを求めよ」と言へり。世俗の詞と言ふは、か

でも「（和歌では）言葉は古いものを見習い、趣向は新しさを求めよ」と言っている。世俗の詞というのは、あの（京極

の荻の歌のごとく、「よくよく見れば」「ただ大きなる」など言へる（存続・体）やうなる詞

為兼の）「荻の葉を」の歌のように、「よくよく見れば」「ただ大きなる」などと言っているような言葉づかいである。

なり（断定・終）。大和詞によくよく見る心を言はば、「つくづくと**ながむれ**ば」とも言ひ、また

大和詞でよくよく見るという趣旨を言うなら、「つくづくとながむれば」とも言い、また

「つくづく見れば」、「あくまで見れば」など言ふべきに（断定・用）や（疑問（↓省））。また大きなる薄を詠ま

「つくづく見れば」、「あくまで見れば」などと言うのがよいだろうか。また大きな薄《すすき》を詠むようなとき

重要語句

□ ながむ【眺む】 もの思いに沈む。（もの思いにふけって）ぼんやりと見る。

5

んには、先に言ふがごとく、「末葉の高き」とも言ひ、また「葉末の広き」とも言

は、前に述べたように、「末葉《すえば》の高き」とも言い、また「葉末《はずえ》の広き」とも言うのがよいだろう。

ふべきにこそ。寂蓮は「(ア)歌ほどいみじきことなし。猪のむくつけく恐ろしげなる

寂蓮が「和歌ほど**すばらしい**ものはない。猪の**気味の悪い恐ろしそうな**ものまで、

ものまで、『枯草掻く臥す猪の床』など詠みぬれば、やさしくなれり」と申しけるや

『枯草掻く臥す猪の床』などと詠むと、**優美になる**」と申したように、

うに、やさしからぬことをもやさしく和らげ詠めばこそ、大和詞のおもしろきこと

優美でないものをも優美に和らげて詠むからこそ、大和詞は**おもしろい**ものでござい

にて侍るに、かの卿の歌の趣のごとくならば、「猪の臥したる床」など詠むべきに

ますのに、あの卿《きょう》〔＝京極為兼〕の歌の調子のようならば、「猪の臥したる床」などと詠むのがよいだろうか。

や。人木石にあらざれば、皆思ふ心はありといへども、

人は**木や石（のように心のないもの）**ではないので、誰にも（歌に詠むことのできるような）感情はあると言っ

詞よく和らぐることのかなはざるによりてこそ、詠み詠まず、劣り優る人もあ

ても、言葉を上手にやさしく使うことが**うまくいか**ないために、和歌を詠んだり詠まなかったり、**下手な**

ることにては侍るに、世俗に言ふがごとく、大きなるものをやが

人や上手な人があったりすることでございますので、日常生活で言うように、大きなものを**そのまま**「大きなり」

て「大きなり」と言ひ、小さきものをやがて「小さき」と言はんには、(イ)誰か歌

と言い、小さなものをそのまま「小さき」と言うのなら、いったい

□ いみじ ①すばらしい。②ひどい。恐ろしい。③並々ではなくたいそうなことだ。

□ むくつけし　気味が悪い。恐ろしい。

□ おそろしげなり【恐ろしげなり】恐ろしそうなさまだ。

□ やさし【優し】①つらい。②恥ずかしくきまりが悪い。③優美で上品だ。④けなげだ。

□ おもしろし【面白し】①すばらしい。風流だ。②興味深い。おもしろい。

□ ぼくせき【木石】木と石。木や石のように非情なもののたとえ。

□ かなふ【適ふ・叶ふ】①ぴったりと合う。②思いどおりになる。

□ おとりまさる【劣り優る】優劣がある。

□ やがて ①そのまま。②すぐに。

を詠まざるべき《可能・体(↑)》。

誰が歌を詠めないことがあろうか〔=誰でも詠めるだろう〕。

また心を表すことは、いづれも同じことにて《断定・用》侍れども、経論、外典、解状、消息、真名、仮名、世俗の物語、詩歌の詞ども、皆その文体異なり。何ぞいま和歌と世俗と同じくせん《推量・体》や《反語》。藤原保昌、歌をうらやみて、

また思考や感情を表現することは、皆同じことでございますが、仏教書、儒教の書物、公文書、手紙(など)、漢文で書いた物、仮名で書いた物、一般的な物語、詩歌の言葉なども、皆その文体は異なっている。どうして今和歌と日常の言葉とを同じ(言葉づかい)にするだろうか。藤原保昌は、和歌を(詠むことを)うらやましく思って、

早朝に起きてぞ《強意(↓)》見つる《完了・体(↑)》梅花を夜陰大風不審不審に

早朝に起きて梅の花を見たことだ。夜中の強風が(花を散らさなかったか)心配で。

と詠みたりける、和泉式部聞きて、「歌詞にはかくこそ《強意(↓)》詠め《四動・已(↑)》」とて、

と詠んだという、(それを)和泉式部が聞いて、「和歌らしい言葉ではこのように詠む」と言って、

朝まだき起きてぞ《強意(↓)》見つる《完了・体(↑)》梅の花夜の間の風のうしろめたさに

夜の明けきらないうちに起きて梅の花を見たことだ。夜の間に吹いた風が(花を散らさなかったか)気がかりで。

と和らげたりける、同じ心とも覚えず、おもしろく聞こゆるをもても知るべし。

とやわらかな表現にしたそうだ、(すると)同じ趣旨とも思えないほど、趣深く聞こえることからも(文体の効果が)わかるはずだ。

その詞違へば、その心失するものなり《断定・終》。ただ保昌が詠のご

和歌の言葉が違えば、和歌に表現される情緒も消えてしまうものなのだ。まさに保昌の歌のようだ。

5

とし。ただ世俗の詞もよく詠めば歌詞になり、歌詞も悪しく詠めば世俗の詞になることにて侍り。詞はそれ心の使ひなるが**ゆゑ**に、詞おろそかなれば、心もおろそかに聞こゆ。詞**切なれ**ば、心も切に聞こゆるなり。しかあるに、詞の中には、また歌詞肝心たるによりて、百遍に書きたる文よりも、わづかに三十一字に言へる心は切に覚ゆるゆゑにこそ、天地を動かし、目に見ぬ鬼神、猛き武士、男女の仲をも和らぐることにて侍るに、かの歌は詞**つたなき**がゆゑに、文にもこよなく劣りて見え侍り。これ独り思ふにあらず。いまだかの歌を**感ずる**人を聞かず。ただかかる風情、詞をも詠むべきにやと疑ふ人多し。**かつは**かく**山がつ**の誹りを負ひぬるも、**あまねく**人

しかし日常の言葉も上手に詠めば和歌の言葉になり、和歌らしい言葉も悪く詠めば日常の言葉になることでございます。言葉はそもそも心を伝えるために使うものであることを**理由**に、言葉がおろそかであれば、心もおろそかに聞こえる。言葉が**切実であれ**ば、心も切実に聞こえるのだ。そうであるから、言葉の中では、また和歌の言葉は重要なものなので、百回書いた文章よりも、たった三十一文字に言い表した心は切実に思えるからこそ、（『古今和歌集』の「仮名序」に言うように）天地の神々の心を動かし、目に見えないたけだけしく恐ろしい神、勇ましい武士、男女の仲をもなごやかにさせるものでございますが、あの和歌〔＝京極為兼の「荻の葉を」の歌〕は言葉が**未熟な**ために、文章にもたいそう劣って見えるのでございます。これは私一人がそう思うのではない。今まであの和歌に**感心する**人を聞いたことがない。ただあれだけの風情、言葉を和歌に詠むべきだろうかと疑問に思う人が多い。**一方では**このように（為兼が）**情趣を解さない者**という非難を受けたのも、

□ゆゑ【故】①原因。理由。②風情。③由緒。家柄。

□せちなり【切なり】ひたすらだ。痛切だ。大切だ。

□つたなし【拙し】①下手だ。未熟だ。②おろかだ。③不運だ。

□かんず【感ず】心を動かされる。感動する。感心する。

□かつは【且つは】一方では。

□やまがつ【山賤】きこりや猟師など、山里に住む身分が低い人。

□あまねし【遍し・普し】すべてに行き渡っている。

の心にかなはざるゆゑなるべし。
広く人々の心にそぐわないからに違いない。

また A 上古の歌もさのみこそ侍んめれとて、病、禁忌をも除かざること、ゆゆしき過ちにて侍り。
また古い時代の和歌もそう〔＝ふさわしくない言葉づかいがある〕でしょうと言って、表現上の欠点や、詠むべきでない題材を避けないのは、とんでもない間違いでございます。

歌いまだ定まらざりし時は申すに及ばず、『古今集』よりこの方は、病を除かざることなし。
和歌（の表現方法）がまだ定まっていなかった時代は申すまでもなく、『古今和歌集』より後の時代は、欠点を取り除かないということはない。

ただおのづから病ある歌を撰び入れたることあり。それも皆ゆゑあるべし。
ただまれに欠点のある和歌を（勅撰集に）選んでいることがある。それも皆理由のあることだろう。

あるいは心めづらしく、あるいは詞やさしきにつきてこそ、身に大節ある時は、少しき誤りを言はざる義なり。
ある歌は内容が目新しかったり、ある歌は言葉づかいが優雅であったりするためにといった、すばらしい和歌とする理由があるときは、わずかな欠点を問題としないということだ。

しかるに、今その咎許さるばかりの心詞もなくして、いかでかこれを B 許さるべきにや。
しかし、今その欠点が許されるだけの内容や言葉づかいもなくて、どうしてこれ〔＝この歌の欠点〕が許されるだろうか（いや、許されまい）。

和歌は善悪の心に通ふがゆゑに、ことに禁忌の詞を戒め侍り。
和歌は（言葉づかいの）良し悪《あ》しが内容につながるので、特に使ってはいけない言葉を（使わないように）戒めるのでございます。

〔出典：『野守鏡』上〕

□ゆゆし【由由し】①畏れ多い。恐ろしく不吉だ。②はなはだしい。③すばらしい。④とんでもない。

□あやまち【過ち】過失。失敗。

□おのづから【自ら】①自然に。②たまたま。まれに。③もしかすると。

□めづらし【珍し】①すばらしい。②かわいい。③目新しい。

□とが【咎・科】①欠点。②罪。

□いかでか ①（疑問）どうして～か。②（反語）どうして～だろうか、いや、～ない。③（願望）なんとかして。

十訓抄《じっきんしょう》・枕草子《まくらのそうし》

作品解説 ■『十訓抄』一二五二年成立の説話集。十項目の徳目を立て、それにふさわしい説話、約二百八十話を収集する。
■『枕草子』平安時代中期の随筆。筆者は中宮定子《ていし》に仕えた清《せい》少納言《しょうなごん》。内容は「をかし」を基調とし、類聚《るいじゅう》的章段、日記的章段、随想的章段に分類される。『源氏物語《げんじものがたり》』と並ぶ平安文学の傑作。

予想問題
別冊（問題）p. 56

解答

問一		問二	問三	問四	
(ア)	③	③	②	i	①
(イ)	④			ii	③
(ウ)	③			iii	①
5点×3		6点	6点	6点×3	

目標点
31／45

問題文の概要

● あらすじ ●

【文章Ⅰ】『十訓抄』
『枕草子』に、主人の外出のお供をして待っている従者が、主人に聞こえよがしなこと（＝わざと当人に聞こえるように言う悪口や皮肉）をつぶやくと、その本人ではなく主人に幻滅すると書いてあるのはもっともなことだ。従者は臨機応変な対応をすべきだ。

【文章Ⅱ】『枕草子』
人が恋人などを訪ねたりして、なかなか帰りそうにないときに、待たされている従者が不平不満を口にするのは、従者本人ではなくその主人に対して幻滅してしまう。従者が主人を待つつらさを口にできないのは気の毒だが、主人は従者の気立てをよく見極めたうえで連れて歩きたいものだ。

● **内容解説** ●

『枕草子』では、主人を待つ従者の態度に対する筆者の見解を示したうえで、主人への要望を述べているのに対して、『十訓抄』ではその見解に同意したうえで、説話的な観点から従者への教訓を述べている。

6

設問解説

個別の設問解説に入る前に、このような複数の文章が出題されたときの対応について説明します。

【文章Ⅰ】の『十訓抄』は鎌倉時代、**【文章Ⅱ】**の『枕草子』は平安時代に書かれたものなので、順番としては**【文章Ⅱ】**が先で、**【文章Ⅰ】**は後から**【文章Ⅱ】**を踏まえて書かれています。**【文章Ⅰ】**の冒頭の「清少納言の枕草子といふものに……とあるこそ、げにことわりなれ」は、「清少納言の枕草子という本に……と書いているのは、まったくもっともなことである」の意味で、『十訓抄』の編者は『枕草子』の趣旨に同意しています。そして、その『十訓抄』の編者が同意している『枕草子』の具体的な記述が**【文章Ⅱ】**という構成になっています。このような問題文を解く場合は、文章と文章の関係性や、その構成に着眼し、**両方を照らし合わせながら読む**ことが理解の助けになります。

ここで、**【文章Ⅰ】**と**【文章Ⅱ】**の登場人物を整理しておきます。

【文章Ⅰ】の「人のもとなるもの」は「人に仕える者」の意味で、3行目の「従者」と同じです。**【文章Ⅱ】**では2行目に「供なる郎等《をのこ》・童《わらは》」と表現されています。

また、**【文章Ⅰ】**の「主」に当たる人物は、**【文章Ⅱ】**では明記されていませんが、「供」という言葉によって「主」の存在が明らかになります。具体的には「懸想人にて来たる（人）」や「ただうち語らふ（人）」、「おのづから来などもする人」が「主」に当たります。

さらに、**【文章Ⅱ】**では「主」が訪問した相手は具体的に明記されていませんが、2行目に「簾《す》のうちに人々（＝女房たち）」と表現されています。

そして、随筆である『枕草子』には、筆者自身が登場してくる可能性もあることを念頭に置きます。

では、設問の解説をしましょう。

問一　解釈

傍線部㋐

> 心劣り 名 予想より劣って感じられること。幻滅。

傍線部㋐は、『枕草子』の引用の中にあります。随筆は筆者の価値観や好みを述べるものであることをまずは思い起こしてください。「心劣りす」は、筆者が「その主」に対して抱いた評価や感想だということを理解することが重要です。そのうえで、「心劣り」の意味を知っていれば簡単に答えを出すことができますし、もし知らなくても、「心劣り」が**「主」に対する清少納言のマイナスの評価を表す言葉**だとわかれば、選択肢の中で、第三者に対するマイナスの評価を表すのは「幻滅する」しかありません。よって、**正解は③**となります。

また、傍線部の直後にある「げにことわりなれ」に着眼することによっても正解を導き出すことができます。

【文章Ⅰ】の2行目の「げに」は「相手の主張に対して、なるほどと納得し共感する」意味をもつ副詞です。『十訓抄』の編者は**【文章Ⅱ】**の『枕草子』の筆者である清少納言の言っていることに納得し共感しているということなので、『枕草子』の趣旨がわかれば、『十訓抄』も理解できるということです。「心劣り」は、「従者」が聞こえよがしなことをつぶやいたときの「主」に対する評価・感想を表しているので、**【文章Ⅱ】**で「主」への評価が示されている箇所を探します。5行目の「この居たる人」は、2行目の「居入りて」を受けているので、「訪問した人」つまり「主」のことだとわかります。「この居たる人」への評価を述べている二重傍線部がわかれば「心劣り」もわかるということです。二重傍線部の詳しい解説は**問三**で行います。

このように、二つの文章を読み比べる問題では、もう一方の文章の中にヒントがある場合が少なくないので、それをしっかり利用することが必要です。

傍線部(イ)

> おのづから 副 【自ら】 自然と。たまたま。いつのまにか。もし。

「おのづから」は「自ら」と書きますが、「自分から」の意味はないので選択肢①を除くことができます。②〜⑤の意味はあるので、単語の意味から答えを出すことはできません。前後の文脈によって判断します。

「おのづから」は下の「(男が)人を訪ねて来る」という状況を説明している言葉です。同じ文の冒頭の「懸想人にて来たる(=恋人として訪ねて来る)」や「ただうち語らふ(=ちょっと親しく交際する)」という状況と、「さしもあらねど(=それほどではないが)」で対比されています。「恋人に会う」や「親しい人に会う」という**「目的がある状況」と対比されている**のが「おのづから」だと考えれば、「たいした目的もなく」「たまたま」やって来たのだと判断できます。よって、正解は④となります。

傍線部(ウ)

> 心づきなし 形 「心づきなし」の終止形。気にくわない。不快である。

この単語の知識があれば容易に答えを出すことができます。正解は③となります。この「心づきなし」は、なかなか帰りそうにない「主」を待っている**「従者」が不平をこぼしていることに対する筆者の評価・感想**を表しています。**【文章Ⅱ】**の8行目「『雨降りぬべし』など、きこえごつ」も従者の不満で、それに対する評価が「いと憎し」なので、「心づきなし」は「憎し」に近い意味と判断して、これをヒントに答えを出すこともできます。「憎し」には「気にいらない」の意味があります。また、文脈的には選択肢②「気が利かない」との解釈も可能だと思うかもしれませんが、単語自体に「気が利かない」の意味はないので、間違いです。

当時、主人が他家を訪問する際、従者などは立蔀《たてじとみ》(庭にある目隠し用のついたて)や垣根のもとにひざまずいたまま待っていたので、主人が長居すると、従者は文句の一つも言いたくなるのも当然ですが、清少納言はそれが気にくわないのです。

解答 (ア)③ (イ)④ (ウ)③

問二 **主体判定**

【文章Ⅱ】の主な登場人物は、最初に解説したように「主」、

「従者」、「訪問を受けた人」そして「筆者」となります。a「うち語らふ」は「親しく交際する」の意味で、主語は人を訪ねてきた「主」です。b「居入りて」は「座り込んで」の意味で、やはり人を訪ねてきた「主」の行為です。c「おぼえず」の主語は、直前に「かのいふ者は」とあるので、これが主語だと思ってしまうかもしれませんが、係助詞「は」は主語を表すとは限りません。この「ともかくもおぼえず」は、「なんとも感じない」の意味で、不満を言っている従者に対する評価感想を表しているので、**「なんとも感じない」の主語は筆者自身**です。d「きこえごつ」は「聞こえよがしに言う」の意味です。第一段落〜第二段落では「主」を待っている「従者」が不平を口にするという状況を述べているので、主語は「従者」です。e「見て」については、清少納言が**【文章Ⅱ】**の第三段落で述べている内容を確認します。「主」の評判を落としてしまう「従者」について、身分の高い人の従者はそういうことはなく、身分の低い人の従者に見られることだとしたうえで、**「主」は自分の評判を落とさないためにも、「従者」の「心ばへ見て（＝気質を見極めて）」連れて歩きたいものだ**と述べています。「見て」の主語は、「主」です。よって、**正解は③**となります。

主体判定は古文理解の要ですから、しっかり学習をしておきましょう。

解答 ③

問三 **内容説明**

問一で解説したように、二重傍線部は「この居たる人」への評価を表しています。「この居たる人」は、**問一(ア)**で見たように「従者」を待たせている「主」のことです。**問一(ウ)**で見たように、「主」を待つ「従者」が待ちくたびれて不平をこぼすことに対して、筆者は「心づきなし（＝気にくわない）」と批判します。**問二**で見た、その「従者」に対しては「なんとも感じない」という記述と矛盾しているように感じるかもしれませんが、従者が不満を口に出すような無作法が筆者は気にくわないのであって、そういうことをする「従者」自身には関心がないのです。一方で、そういう無作法をする「従者」の「主」に対しては二重傍線部のように感じているということです。

二重傍線部を訳します。

①をかし｜と｜②見え｜③きこえ｜つる｜こと｜も、｜④失《う》する｜やう｜に｜おぼゆれ

① 形「をかし」の終止形。すばらしい。
② 動【見ゆ】人に見られる。
③ 動【聞こゆ】聞こえる。評判になる。
④ 動【失す】消える。

直訳▼すばらしいと人に見られ評判になっていたこと

も、消えるように感じられる

「をかし」には「すばらしい・風情がある」というプラスの意味の他に「こっけいだ」というマイナスの意味もありますが、二重傍線部は**【文章Ⅰ】**の2行目の「その主、心劣りす」を言い換えたものです。「心劣りす」は「幻滅する」の意味なので、「プラスだと思っていたものがそうではなかった」ということで、この「をかし」は「主」に対するプラスの評価だとわかります。直訳をわかりやすく言えば「主人のすばらしい評判が、消滅するように感じる」ということです。清少納言は、待ちくたびれて不平をこぼすという無作法なことをした従者には関心がなくても、その従者の無作法で見苦しい言動によって、「主」に幻滅するというのです。以上を踏まえて選択肢を検討します。

① 「風流な」が間違い。「悪評が帳消しになる」が間違い。
② 矛盾がない。
③ 「反感」が間違い。
④ 「臨機応変」が間違い。「失態を帳消しにできる」が間違い。
⑤ 「風流心が損なわれる」が間違い。

よって、**正解は②**です。

この設問と**問一(ア)**「心劣りす」は設問内容を変えて同じことを問うています。そのことに気づけば、設問自体が解答のヒントになったり、自分が出した答えが確かに正解であると確認できたりします。

解答 ②

問四

i 内容説明

空欄Wには「ことによりて、よく機嫌をはからふべきなり」の解釈が入るので、これを訳します。

①こと／に／より／て、／よく／②機嫌／を／③はからふ／④べき／⑤なり

① 「ことによる」＝時と場合による。
② 名 事情。
③ 動【計らふ】考慮する。
④ 助動「べし」の連体形。当然〔～するべきだ〕
⑤ 助動「なり」の終止形。断定〔～である〕

直訳▼時と場合によって、よく事情を考慮すべきである

説話によく見られる「べきなり」という表現からもわかるように、「主」が人と話をしているのを待っているときの「従者」の対応のしかたについての教訓を述べているところです。3行目の「こざかしく、さしすぎたるは、いと見苦しきことなり」は、

「小賢《こざか》しく、出過ぎたまねをするのは、とても見苦しい」の意味で、4行目の「とみのこと……告げ知らせざらむ、またいふかひなし」は「急用ができたのを知らせないのもいけない」と言っています。この二つを踏まえて「ことによりて、よく機嫌をはからふべきなり」と教訓をまとめているのです。つまり、**「従者」は「主」の状況を見て臨機応変な対応をしなくてはならない**という主旨になります。

以上に従って、選択肢を検討します。まず、「はからふ」の主語は「従者」なので、選択肢①と②が残ります。「臨機応変」という言葉にひかれて④を選んではいけません。「ことによりて」の「こと」は「言葉」という意味ではないので、②の「主人の言葉によって」は間違いです。よって**正解は①**となります。「時機を見る」は「物事を行うタイミングを見極める」の意味です。

ii　内容説明

【文章Ⅰ】の結論は、iで見たように、従者への教訓になっているので、この時点で選択肢を③「従者への『教訓』」に絞ることができますが、①「従者の『はからひ』が重要だ」も同じような内容なので、**【文章Ⅱ】**の結論を見て確認します。「あまたあらむなかにも、心ばへ見てぞ、率てありかまほしき」を訳します。

①あまた―あら―②む―なか―に―も、―③心ばへ―見―て―ぞ、―④率―て―⑤ありか―⑥まほしき

① 副【数多】大勢。
② 助動「む」の連体形。婉曲《えんきょく》［～ような］
③ 名 気立て。
④ 動「率る」の連用形。連れて行く。
⑤ 動「歩く」の未然形。外出する。
⑥ 助動「まほし」の連体形。願望［～したい］

直訳▼大勢いるような中でも、気質を見て、連れて歩きたい

「連れて歩く」というのは、主人が従者を連れて歩くということです。よって、「心ばへ」は「従者の気質」であり、「気質を見て」は「従者の気質を見極めて」ということです。これを踏まえると、「あまた」は「大勢の従者」だとわかります。「大勢いる従者の中でも、その気質を見極めて連れて歩きたいものだ」というのが**【文章Ⅱ】**の結論ということです。「人材を間違えると自分の評判を落とすことになるから、従者の気質をよ

く見て連れて歩きたいものですね」と清少納言は「主」に対して理想的な主人のありかたを示し、要望しているのです。「心ばへ」は「従者の気質」をさすので、選択肢①「主人の『心ばへ』」は間違いです。

よって、**正解は③**で間違いありません。

iii **和歌の解釈を踏まえた内容説明** 難

まずは、「下行く水の」の和歌を解説します。『大和物語《やまとものがたり》』の内容を要約すると、奈良の帝《みかど》が、陸奥《みち》の国磐《いわ》手《て》から献上された鷹《たか》が逃げてしまい、その悲しみを「言はで思ふぞ言ふにまさされる」と下の句を詠み、他の人がそこに「心には下行く水のわきかへり」と上の句を付けたということです。これを踏まえて、歌全体を訳します。

心には ＝ ①下行く水の ＝ わきかへり ＝
言は②で思ふ③ぞ ＝ 言ふ④にまされ⑤る

① 「下行く水」＝物陰を流れる水。
② 接助 打消接続［〜しないで］
③ 係助 強意［訳は不要］
④ 格助 比較［〜より］
⑤ 助動「り」の連体形。（係助詞「ぞ」の結び。）存続［〜ている］

直訳 ▼ 心の中では物陰を流れる水がわきかえり、言わないで思うのは言うよりもまさっている。

心の中に水が流れるということは実際にはないので、「下行く水」は比喩だと考えることができます。

この歌は、恋心を詠んだ歌として知られていますが、『大和物語』の内容に即して解釈するならば、「下行く水」は帝の心の中にわきかえっている悲しみです。心の中では、鷹を失ってしまった悲しみがあふれているが、**口に出さないでいる悲しみは口に出して言うよりもまさっている**、ということです。

着眼点 **本文に登場する地名や動植物は和歌の修辞になる可能性あり！**

鷹を献上した地名が「磐手（いわて）」であることから、「言はで」には地名の「磐手」が掛けてあると考えられます。さらには「磐手」を「思ふ」の目的語とすれば、「磐手」は鷹の名前と捉えることができます。例えば、伊豆の「伊東」に住む人の苗字が「伊東」になるように、地名がそこに住む者の名前になるという例はいくらでもあります。「磐手」出身の鷹の名前が「磐手」だったということです。これを加味して訳すと、「失った磐手のことを、口に出して言わないで心で思っているほうが口に出して言うよりも悲しみがまさる」となります。

歌の意味がわかると、その時点で選択肢①が正解だとわかりますが、③の「磐手を失った悲しみはとても口に出して言えないほど大きな悲しみだ」の解釈も、直訳からはかけ離れているものの、内容的には間違いがないように思われます。よって、Zのほうを検討します。

【文章Ⅱ】の第二段落冒頭の「また、さ、いと色に出《い》でてはえいはず」は、「え〜ず」が不可能を表し、「はっきりと口に出して言えない」の意味で、従者が前段落のように不平を口に出して言えないということです。『大和物語』では「口に出して言わないこと」が悲しみの大きさを表していましたが、『枕草子』では、状況が異なります。「従者」が不平不満を口に出せないのは、不満が大きいからではありません。従者という立場では、本来「主」に対して不平不満を言うことは許されないからです。不満を口に出さずに抱え込むとさらに不満は大きくなるということです。

「えいはず」に続く「『あな』と、高やかにうちいひ呻《うめ》きたるも」は、「呻く」が「ため息をつく」の意味で、不平不満を口に出せない従者は「ああ」とため息をつくしかなかったのです。「いとほし」は「気の毒だ」の意味で、不満を口にできないためにますます不満が大きくなる従者の苦しい心中を察して、清少納言は同情しているのです。①の「不満はいっそう募るだろう」は従者の気持ちに寄り添った同情の内容なので、やはり①で間違いありません。③は「口に出すと不満が止まらなくなるからだろう」が間違いです。**正解は①です。**

解答 ⅰ ①　ⅱ ③　ⅲ ①

現代語訳

【文章Ⅰ】

清少納言の枕草子といふものにいへる《存続・体》は、人のもとなる《所在・体》ものの《主格》、主の《主格》さるべき女房などあひて、**物語りする**に、「夜の《主格》更けたる。雨の《主格》降りげな《詠嘆》」など、聞き知れごとをつぶやく、その主、(ア)**心劣り**す、とあるこそ《強意(↓)》、**げにことわり**なれ《断定・已(↑)》。

清少納言の『枕草子』という本に述べていることとして、ある人のもとに仕えている従者が、主人が**しかるべき**女房などに向き合って、**話をしている**最中に、「夜が更けてしまったことだ。雨が降りそうだなあ」などと、聞こえよがしなことをつぶやくのは、そうした(従者を連れている)主人に、**幻滅**する、と書いてあるのは、**まったくもっともなこと**である。

女房にかぎらず、主の《主格》対面の座席にて、従者の《主格》**こざかしく**、さしすぎたるは、いと見苦しきことなり《断定・終》。

(相手が)女房に限らず、主人が(誰かと)会っている席で、従者が**利口ぶって**、出過ぎたふるまいをするのは、とても見苦しいことである。

さればとて、**とみ**のことなどの《主格》出で来たらむ《婉曲・体》に、告げ知らせ《使役・未》ざらむ《婉曲・体》、また**いふかひなし**。ことによりて、よく**機嫌**を**はからふ**べきなり《断定・終》。

だからといって、**緊急**の用事などが生じたようなときに、(主人に)告げて知らせないようなのも、また**言語道断である**。時と場合によって、よく**状況**を**見計ら(って事を行)う**べきである。

[出典:『十訓抄』七ノ三十一]

重要語句

□さるべき【然るべき】①それにふさわしい。②そうなるのが当然な。③立派な。

□ものがたりす【物語す】話をする。

□こころおとり【心劣り】思っていたより劣って感じられること。期待はずれ。幻滅。

□げに【実に】ほんとうに。なるほど。

□ことわり【理】道理。理屈。

□こざかし【小賢し】利口ぶっている。生意気だ。

□とみ【頓】急。急ぎ。

□いふかひなし【言ふ甲斐無し】言いようがない。言ってもどうにもならない。

□きげん【機嫌】①時機。潮時。②事情。様子。

□はからふ【計らふ】①思いめぐらす。考える。②適当に処置する。

【文章Ⅱ】

懸想人にて来たるは、いふべきに(断定・用)もあらず、ただうち語らふ(a)も、またさしもあらねど(打消・已)、(イ)おのづから来などもする人の(主格)、簾《すだれ》のうちに人々あまたありてものなどいふに、居入りて(b)、とみに帰りげもなきを、供なる(断定・体)郎等・童など、とかくさし覗き、気色見るに、「斧の柄も朽ちぬ(強意・終)べきなめり(断定・体(撥無))」と、いとむつかしかめれば、長やかにうち欠伸て、みそかにと思ひていふらめど、「あな、わびし。煩悩苦悩かな。夜は夜中になりぬ(強意・終)らむ(現在推量・終)かし」といひたる、(ウ)いみじう心づきなし。かのいふ者は、ともかくもおぼえず(c)、この居たる人こそ(強意(↓))、をかしと見えきこえつることも、失するやうにおぼゆれ(下二動・已(↑))。

恋人として会いにやってきた男性は、言うまでもなく、ちょっと親しく交際する人とか、またそれほど親しくはないが、たまたまやって来たりする（男の）人が、簾の内側に女房が大勢いて何かを話しているところに、座り込んで、急には帰りそうな気配がないのを、（その人の）お供をして来た召し使いの男や童などが、ちょいちょい中を覗《のぞ》き、様子を見るのだが、「斧《おの》の柄も腐ってしまいそうだ」と、たいそう不満そうな様子で、長々と大あくびをして、こっそりと思って言っているのだろうが、「ああ、やりきれない。まったく難行苦行だよ。今夜はきっと夜中になってしまうだろうよ」と言っているのは、ひどく気にくわない。その不平を言う当人〔＝供の者〕のことは、別にどうとも感じられないが、この座り込んでいる人〔＝主人〕のほうが、（今まで）風情があって素敵な方だと見たり聞いたりしていた評判も、消え失せるように感じられる。

□ けさうびと【懸想人】思いをかけている人。恋をしている人。

□ かたらふ【語らふ】①話を交わす。相談する。②（特に男女が）親しく交際する。③味方に引き入れる。

□ おのづから【自ら】①自然に。②たまたま。まれに。③もしかすると。

□ あまた【数多】たくさん。

□ けしき【気色】①（人の）様子。機嫌。態度。②（自然の）様子。模様。

□ むつかし【難し】①うっとうしい。②気味が悪い。③面倒だ。

□ みそかなり【密かなり】こっそりと。ひそかに。

□ あな　ああ。

□ わびし【侘びし】①つらく苦しい。②貧しくみすぼらしい。

□ こころづきなし【心付き無し】気にくわない。

□ をかし　①すばらしい。美しい。趣がある。②こっけいだ。③愛らしい。かわいらしい。

また、さ、いと色に出でてはえいはず、「あな」と、高やかにうちいひ呻きたるも、「下行く水の〔主格〕」と、いとほし。立蔀・透垣などのもとにて、「雨降りぬ〔強意・終〕べし」など、ｄきこえごつも、いと憎し。

また、それほど、**はっきりと顔に出して**は言え**なくて**、「ああ」と、声高に言ってため息をついているのも、「下行く水の」と（いう歌の気持ちが思われて）、**気の毒である**。立蔀や透垣《すいがい》などのそばで、「きっと雨が降るにちがいない」などと、**聞こえよがしに申している**のも、実に**憎らしい**。

いと**よき人**の御供人などは、さもなし。君達などのほどは、**よろし**。それより下れる〔存続・体〕**際**は、みなさやうにぞ〔強意（↓）〕ある〔ラ変動・体（↑）〕。あまたあらむ〔婉曲・体〕なかにも、**心ばへ**ｅ見てぞ〔強意（↓）〕、率てありか**まほしき**〔希望・体（↑）〕。

本当に**身分の高い方**のお供の者などは、そうでもない。若い殿方などの身分の方（の供の者）は、**まあまあだ**。それより下の**身分**の人（の供の者）は、皆そうした状態だ。（だから、供人は）大勢いるような中でも、**気質**を見極めたうえで、連れて歩き**たい**ものである。

［出典：『枕草子』七一　懸想人にて来たるは］

問四　『古今和歌六帖』の歌とその注釈

心には下行く水の〔主格〕わきかへり言はで思ふぞ〔強意（↓）〕言ふにまされる〔存続・体（↑）〕

心の中では、山の麓を低く木の葉隠れに流れる水が盛んにわきかえっているように、（悲しい思いを）口に出して言わないでいるのは、口に出して言う以上に切ないことだ。

この歌、大和物語に、奈良の帝、陸奥の国磐手の郡より奉れる〔完了・体〕鷹の〔主格〕それたるを、

この歌は、『大和物語』の中で、奈良の帝が、陸奥の国の磐手の郡《こおり》から献上した鷹がいなくなってしまったのを、

- □ いろにいづ【色に出づ】（思っていることが）表情に表れる。
- □ え〜ず　〜できない。
- □ いとほし　①気の毒だ。②かわいい。
- □ きこえごつ【聞こえごつ】聞こえよがしに申し上げる。
- □ にくし【憎し】①気にいらない。②みにくい。
- □ よきひと【よき人】身分が高い人。教養のある人。
- □ よろし【宜し】①悪くない。まあよい。②並ひととおりで普通だ。
- □ きは【際】①端。境目。②家柄。身分。③場合。
- □ こころばへ【心ばへ】①気配り。②風情。③気立て。
- □ まほし　〜たい。（希望の意を表す。）

6

悲しみ給ひて詠ませ（尊敬・用）給へる（完了・体）御歌に、心には下行く水の（主格）といふ上の句をそへたり

悲しみなさってお詠みになった御歌に、「心には下行く水の」という上の句を添えたのである

〔出典：『古今和歌六帖』第五〕

6

7 物語

増鏡《ますかがみ》

作品解説 ■ 南北朝時代に書かれた歴史物語。作者は二条《にじょう》良基《よしもと》とされる。後鳥羽《ごとば》天皇の生誕に始まり、後醍醐《ごだいご》天皇の隠岐《おき》から京都への還御まで、皇室の歴史を中心に優雅な和文の編年体で記している。『大鏡《おおかがみ》』『今鏡《いまかがみ》』『水鏡《みずかがみ》』とあわせて「四鏡《しきょう》」と称する。

予想問題

別冊（問題）p. 64

解答

問一		問二	問三	問四	問五
(ア) ②	(イ) ③	⑤	①	④	④　⑤
5点×2		7点	8点	10点	（順不同）5点×2

目標点

31／45

問題文の概要

● **あらすじ** ●

隠岐に流された後醍醐天皇は、都から遠く離れてしまったことを嘆く。倒幕のための密教の秘法を不眠で試みて疲労から眠ってしまった明け方、夢に亡き父が現れて、後醍醐天皇にお告げをした。須磨に流された光源氏《ひかるげんじ》の夢に亡き父桐壺《きりつぼ》院が現れた話に我が身を重ねた後醍醐天皇は、都への帰還の期待を強くする。隠岐脱出の機会をうかがっていると、味方をする者も現れ、無事隠岐を脱出し出雲《いずも》に着いた。

● **内容解説** ●

主人公を取り巻く状況の変化にともなって、心情の変化していく様子が描かれています。主人公と光源氏とを重ね合わせることで、物語全体に深みを与えています。

設問解説

問一 解釈

傍線部(ア)

まずは傍線部を品詞分解して訳します。

①いたう — ②こうじ — ③たまひ — ④に — ⑤けり

① 副 「いたく（甚く）」のウ音便。ひどく。
② 動 【困ず】疲れる。
③ 補動 「給《たま》ふ」の連用形。尊敬［お〜になる］
④ 助動 「ぬ」の連用形。完了［〜てしまう］
⑤ 助動 「けり」の終止形。過去［〜た］
＊「にけり」＝〜てしまった。

直訳 ▼ ひどくお疲れになってしまった

「いたう」と「こうず（困ず）」の意味を知っていれば簡単に答えを出すことができます。

読解ルール **「て」は同じことの言い換えを表す！**

傍線部の直前の「日数へて」の「て」は言い換えを表すので、
「夜も大殿ごもらぬ日数へ」＝「いたうこうじたまひにけり」
となります。そこで、「夜も……日数へて」までを訳します。

夜 — も — ①大殿ごもら — ②ぬ — 日数 — ③へ — て

① 動 【大殿籠る】「寝る」の尊敬語。お眠りになる。
② 助動 「ず」の連体形。打消［〜ない］
③ 動 「経《ふ》」の連用形。時がたつ。

直訳 ▼ 夜もお眠りにならない日にちが何日もたって

傍線部の直後の「心ならずまどろませたまへる」も訳します。

①心ならず — ②まどろま — ③せ — ④たまへ — ⑤る

① 「心ならず」（連語）＝無意識に。
② 動 「まどろむ」の未然形。うとうと眠る。
③ 助動 「す」の連用形。尊敬［〜なさる］
④ 補動 「給ふ」の已然《いぜん》形。尊敬［お〜になる］
＊「せたまふ」＝お〜なさる。
⑤ 助動 「り」の連体形。完了［〜た］

直訳 ▼ 無意識にうとうとお眠りなさった

以上から、**後醍醐天皇は、不眠が続いて、疲れて、ついうとうとしてしまった**という状況を読み取ることができます。「いたう」には「ますます」の意味はないので、**正解は②**となります。

傍線部(イ)

まずは傍線部を品詞分解します。

「さるべき ― 限り ― 語らひ ― あはせ ― て」

選択肢を見ると、「さるべき」の解釈が①②③では「しかるべき人々」、④⑤では「帰らなければならない人々」となっています。「しかるべき」とは、「それにふさわしい、適当な」の意味です。

傍線部の直前の「御垣守《みかきもり》にさぶらふ兵《つはもの》ども……心つきにければ」は、**注7**も参考にすると「後醍醐天皇の警固をしている者たちも、天皇のご意向を察知して、従い申し上げようという気持ちになったので」の意味で、これを受けている**「さる」は「天皇に従おうとする」を指す**と判断できます。よって「さるべき」は「帰らなければならない人々」ではなく、「しかるべき人々」となります。①②③を残したところで、「限り」と「語らひあはせ」の語句解説をします。

> 限り 名 限界。最後。すべて。それだけ。
> 語らふ 動 あれこれ話す。味方にする。
> あはす 動 ここでは、動詞の連用形に付いて、「互いに〜する」の意味。

「限り」「語らふ」ともに多義語なので、単語の意味だけでは判断できませんが、②のように「限り」を「限られた時間で」と解釈するには無理があるので、②は除くことができます。

残った①と③の違いは以下のようになります。

①

さるべき**(主語)**	限り**(目的語)**	語らひあはせて**(述語)**
しかるべき人々**が**	すべて**を**	示し合わせて

③

さるべき限り**(目的語)**	語らひあはせて**(述語)**
しかるべき人々だけ**を**	味方に引き入れて

①は「限り」を「示し合わせて」の目的語としているのに対して、③は「さるべき」が連体詞として下の名詞「限り」を修飾している形で、「さるべき限り」全体を「味方に引き入れて」の目的語にしています。どちらが文脈に合っているかを見ます。傍線部に続く「たばかりて」は、**問二**で詳しく解説しますが、「計画して」の意味です。後醍醐天皇の隠岐脱出の計画を兵たちがしたということは、そこには「相談する」の意味も含まれます。傍線部の「語らひあはせて」を①のように「示し合わせて（＝前もって相談して）」と解釈すると、意味が重複してしまい、この「たばかりて」が不要な部分になってしまいます。一方③のように「味方に引き入れて」と解釈すれば、**後醍醐天皇に従おうとする者たちだけを味方に引き入れて、計**

画して、実行したという「兵ども」の一連の行動として無理なく理解できます。よって、**正解は③**となります。

解答 (ア)②　(イ)③

問二　文法

まずは、傍線部を品詞分解して訳します。

①いみじう ― ②たばかり ― て、― ③隠ろへ ― ④ゐ ― ⑤て ― ⑥奉る

① 形「いみじ」の連用形「いみじく」のウ音便。「たいそう」の意味で、副詞的な用法。
② 動【謀る】計画する。
③ 動【隠ろふ】隠れる。「隠らふ」が転じたもの。
④ 動【率る】連れて行く。
⑤ 接助 単純接続［～て］
⑥ 補動 謙譲。行為の客体への敬意を表す。［～申し上げる］

直訳▼たいそう計画して、隠れてお連れ申し上げる

読解ルール　「て」「して」は主語を継続させる！

問一(イ)で解説したように、ここは後醍醐天皇の脱出を助けようとする者たちの一連の行為が描かれており、接続助詞「て」によって、「語らひあはせて」「いみじうたばかりて」「隠ろへゐて奉る」と続いています。

以上を踏まえて選択肢を検討しましょう。

①「いみじう」は形容詞「いみじ」の連用形「いみじく」のウ音便なので、間違い。

②「たばかり」の主語は後醍醐天皇の味方の者たちなので、間違い。

③「へ」は下二段活用動詞「隠ろふ」の連用形の活用語尾なので、間違い。

④ここは味方の者たちが後醍醐天皇を**「連れて」**脱出する場面なので、「居る」ではなく「率る」が正しい。

⑤謙譲語は行為の客体への敬意を表し、味方の者たちに連れられた後醍醐天皇に対する敬意を表していると判断できる。

よって、**正解は⑤**となります。

③の「隠ろへ」について補足説明します。「隠ろふ」の「ふ」は、もとは動詞の未然形に接続して、反復や継続を表す上代の助動詞です。同じような単語に「うつろふ」があります。四段活用動詞「うつる」の未然形「うつら」に継続「ふ」がついた「うつらふ」が転じたものです。この「ふ」は、平安時代には使われなくなりましたが、「住まふ」や「語らふ」などの形で一語化して用いました。

⑤の「奉る」について補足説明します。謙譲の補助動詞「奉る」は、本来は接続助詞「て」には接続しませんが、上一段動詞「率る」に付く場合は接続助詞をはさんで「率て奉る」の形で用いられます。

解答 ⑤

問三 **和歌の解釈を含む心情説明**

あまりにも有名な小野小町の歌ですが、念のため訳します。

思ひ①つつ／②寝《ぬ》れ③ば④や人の／見え⑤つ⑥らむ／夢と知り⑦せ⑧ば／さめざら⑨まし⑩を

① 接助 反復［何度も～する］
② 動「寝《ぬ》」の已然形。寝る。
③ 接助「已然形＋ば」で［～ので］
④ 係助 疑問［～か］
⑤ 助動「つ」の終止形。完了［～てしまう］
⑥ 助動「らむ（ん）」の連体形。（係助詞「や」の結び。）原因理由推量［～だから…だろう］
⑦ 助動「き」の未然形。過去［～た］
⑧ 接助「未然形＋ば」で［～ならば］
⑨ 助動「～せば…まし」で反実仮想。［～ならば…だろう］
⑩ 間助 詠嘆［～なあ］

直訳▼何度も思って寝るのであの人が夢に現れたのだろうか。夢と知っていたならば、目覚めなかっただろうになあ。

反実仮想は、現実に起きたことと反対の事態を仮定する用法です。この歌は、せっかく夢に恋人が現れてくれたのに夢とは知らず目を覚ましてしまったという現実を悲しんで、その現実とは反対の目が覚めないという状況を仮定しています。目覚めてしまった現実を否定して、目が覚めなければよかったと思っているのです。目が覚めなければ、夢の中でもっと恋人に会っていられるからです。以上を踏まえて本文を見ましょう。

ここは後醍醐天皇が夢の中で父親に会って、目が覚めたという状況です。波線部の直前の「うちおどろきて、夢なりけりとおぼすほど、いはんかたなくなごりかなし」は、「はっと目が覚めて、夢だったのだとお思いになって、言いようもなく心残りで悲しい」の意味なので、父に会っている夢を見ていたのに、目が覚めてしまったことを悲しんでいることがわかります。

では、選択肢を見てみましょう。

❶ 矛盾点がない。
❷「ずっと目覚めないでいたい」とは、まだ目が覚めていない状態で用いる表現。

③「夢の中の出来事だとわかって落胆」が間違い。これは夢の中で会ったことを否定し、夢ではなく現実で会いたかったという意味になる。「さめざらましを」は夢の中で会ったことではなく、目覚めてしまったことを否定し、もっと夢の中で会っていたかったという意味なので、よく似ているが間違い。

④「もっと助言を受けたかった」と解釈できる根拠がない。

⑤心情が正反対なので間違い。

よって、正解は①となります。反実仮想の用法がわかっていれば容易に正解を出せる問題です。

解答 ①

問四 関連作品を踏まえた内容説明 難

生徒と教師の会話によって『源氏物語』の情報が示されます。当然、この設問を解くのに必要な重要情報がそこにあるはずなので、このような会話付きの設問は、これをしっかり読むことが大切です。

まずは二重傍線部を品詞分解して訳します。

> ①いと ― ②あはれに ― ③頼もしう
>
> ①副 たいそう。
>
> ②形動「あはれなり」しみじみと感動する。
>
> ③形「頼もし」の連用形「頼もしく」のウ音便。期待できるようだ。
>
> **直訳**▼たいそうしみじみと感動し期待できるようで

光源氏は都から須磨に退去していましたが、後醍醐天皇の置かれた状況はそれとよく似ています。そして疲れてうとうとした夢に父親が現れたのも同じです。後醍醐天皇は父後宇多《ごうだ》院の夢を見て、「いとあはれに頼もしう」と感じているので、**夢の内容が鍵になる**のは間違いありません。しかし、本文には6行目に「きこえ知らせたまふこと多かりけり（お告げ申し上げなさることがたくさんあった）」とあるだけで、父後宇多院が後醍醐天皇に何を言ったのか具体的な記述がないので、**『源氏物語』の父桐壺院の発言を手がかりに考える**しかありません。そこで、『源氏物語』の父桐壺院の発言を見ると、一つ目の「などかくあやしき所にはものするぞ」は「どうしてこのような見苦しい所にいるのか」の意味です。「見苦しい所」とは、「都から遠く離れた鄙《ひな》びた所」ということです。さらに二つ目の「住吉の神の導きたまふままに、はや舟出してこの浦を去りね」は、「住吉の神の導きなさるままに、早く舟を出してこの浦を去りなさい」の意味です。「住吉の神」は現在の「住吉大社」のことです。海上の安全を守る神が祭られていますので、その神が導いてくれると桐壺院は言っているのです。
この二つの発言を後醍醐天皇の置かれた状況に置き換えると、父後宇多院が後醍醐天皇に言ったのは、「どうして都から遠く離れた所にいるのだ、早く舟で隠岐を立ち去りなさい」ということだと判断できます。そして光源氏がこの夢の後、須磨から明石《あかし》に移り、その後都に戻ることができたことから、**後醍醐天皇が自分を光源氏と重ねて、「自分も隠岐を脱出し、いずれは都へ戻ることができる」と考えた**と判断できます。都に戻るには、さしあたって隠岐を脱出しなければなりません。本文2行目の「年さへ隔たりぬるよ、とあさましくおぼさる」の「さへ」は「そのうえ～までも」という添加を表し、「(都から遠く隔たってしまったうえ)年までも越してしまったよ、と嘆かわしくお思いになる」の意味で、都から遠く離れてしまったことを嘆いているので、後醍醐天皇はただ隠岐からの脱出だけを望んでいたのではなく、都への帰還が念頭にあったのだと解釈できます。『源氏物語』の**光源氏と同じような夢を見た後醍醐天皇は、そのことに感動し都への帰還の期待ができると思った**ということです。
また、二重傍線部の直後の「いよいよ御心強さまさりて」は、「心強し」が「頼れるものがある安心感」を表しますが、さらにその後の記述に着眼してください。

読解ルール **「と」「て」は同じことの言い換えを表す！**

「て」と「と」は言い換えを表すので、「御心強さまさり」＝「かの新発意《しぼち》が……いできなんや」＝「待たるる心地したまふ」となります。「かの新発意が御迎へ……と待たるる」は、「便りいできなんや」が「機会がめぐってくるだろうか」の意味で、明石入道が光源氏を迎えに来たように、自分にも隠岐脱出のチャンスが来るかもしれないと待ち望む気持ちを表しています。よって「いよいよ御心強さまさりて」は、**隠岐脱出の希望が強まった**の意味だと判断できます。

以上を踏まえて選択肢を検討します。

① 全体としては「御心強さまさりて」を説明したものであって、「いとあはれに頼もしう」の説明ではないので、間違い。「天候の荒れた」「過酷な隠岐」「迎えが来るのを頼みにして待つ」も本文の内容に合致しない。

② 「隠岐を脱出して都へ帰還することへの期待」という夢の内容についての言及がないので間違い。

③ 都への帰還についての言及がない。「成功するかどうかわからない不安」は本文にはそのような記述はない。また、「成功を確信してしみじみと喜ぶ」と読み取る根拠がない。

④ 矛盾点がない。

よって正解は④です。

解答 ④

問五　内容合致

内容合致問題は、選択肢と本文を丁寧に照らし合わせて、矛盾点の有無を確認します。

① 後醍醐天皇に仕える者たちは、しばらくすると隠岐の生活には慣れてきたが、都への思いが募って気が滅入ってしまった。

→本文2行目「さぶらふ人々も、……いみじう屈《くん》じにたり」と照らし合わせる。「しばしこそあれ」は「しばらくはよかったが」の意味。

② 護良《もりよし》親王は、父親である後醍醐天皇に都の状況をひそかに知らせて、都への帰還を絶えず促した。

→9行目「大塔《おほたふ》の宮よりも、……きこえたまふこと絶えず」と照らし合わせる。「都への帰還を絶えず促した」と解釈する根拠がない。

③ 後醍醐天皇は、都の戦乱状態が収まる前に隠岐を脱出しようと考えて、警固の武士たちが油断する機会をうかがっていた。

→11行目「都にもなほ世の中……寝るひまをのみうかがひたまふ」以下と照らし合わせる。「戦乱状態が収まる前に」と解釈する根拠がない。

④ 警固の武士たちの中には、後醍醐天皇のご意向を汲《く》み取って、隠岐からの脱出に協力する者もいた。

→12行目「御垣守にさぶらふ兵どもも、……思ふ心つきにければ」と照らし合わせる。矛盾がない。

⑤ 後醍醐天皇は、味方の者たちの助けによって隠岐を脱出し、悪天候の中を神仏に祈願してなんとか出雲に到着した。

→13行目「さるべき限り語らひあはせて、……出雲《いづも》の国に着かせたまひぬ」と照らし合わせる。矛盾がない。

よって、**正解は④と⑤**です。

解答 ④・⑤

現代語訳

かの島には、春来ても、なほ浦風さえて波荒く、渚の氷もとけがたき世の**気色**
あの島〔＝隠岐島〕では、春が来ても、やはり浜辺の風が冷たくて波が荒く、渚《なぎさ》の氷も溶けにくい（のと同様な戦乱の）世

に、いとど**おぼしむすぼるる**ことつきせず。**かすかに**心ぼそき御住まひに、
の**様子**に、（後醍醐天皇は）ますます**お気持ちの晴れない**ことが尽きない。**見る影もなく**もの寂しいお住まいで、（都か

年さへ（添加）隔たりぬるよ、と**あさましく**おぼさる（尊敬・終）。**さぶらふ**人々も、しばし
ら遠く離れた**うえに**）年**までも**越してしまったことよ、と**嘆かわしく**お思いになる。**お仕えする**人々も、しばらくは**ともか**

こそ（強意（↓））**あれ**（ラ変動・已（↑））、**いみじう**屈じに（完了・用）たり。今年は正慶《しょうきょう》二年といふ。閏《うるう》二月あり。後の二月
く〔＝**よかったが**〕、（今では）**非常に気がふさい**でしまっている。今年は正慶二年という。閏の二月がある。後の二月の初

の初めつかたより、とりわきて密教の秘法を試みさせ（尊敬・用）たまへば、夜も**大殿ごもら**ぬ（打消・体）
め頃から、（後醍醐天皇は）殊に密教の秘法をお試みになるので、夜も**お休みにならない**日が

日数へて、さすが(ア)いたうこうじたまひに（完了・用）けり。**心ならず**まどろませ（尊敬・用）たまへる（完了・体）暁が
続いて、やはり**ひどく**お**疲れ**になってしまった。**我知らず**うとうとなさった夜明け前、

た、夢うつつともわかぬ（打消・体）ほどに、後宇多院、**ありし**ながらの御面影**さやかに**見えた
夢とも現実ともわからないうちに、（父帝の）後宇多院が、**生前の**ままのお姿で**はっきりと**現れなさって、

まひて、きこえ知らせ（使役・用）たまふこと多かりけり。うち**おどろき**て、夢なり（断定・用）けり（詠嘆・終）とおぼ
お告げ申し上げなさることがたくさんあった。（後醍醐天皇は）はっと**目を覚まし**て、夢であったのだ

重要語句

□けしき【気色】①（人の）様子。模様。機嫌。態度。②（自然の）様子。

□おぼしむすぼる【思し結ぼる】「思ひ結ぼる」の尊敬語。あれこれお思いになって、ふさぎこみなさる。

□かすかなり【幽かなり】①はっきりしないさま。ぼんやり。②ひっそりとしてもの寂しいさま。③勢いがないさま。みすぼらしいさま。

□さへ　そのうえ〜までも。

□あさまし　①驚きあきれる。②情けない。③ひどい。見苦しい。

□さぶらふ【候ふ】①「仕ふ」の謙譲語。お仕えする。②「あり」の丁寧語。あります。

□こそあれ　〜は確かに…であるけれど。〜はともかく。

□いみじ　①すばらしい。②ひどい。恐ろしい。③並々ではなくたいそう

すほど、いはん〔婉曲・体〕かたなくなごりかなし。御涙もせきあへず、

なあとお思いになるにつれて、（ますます）**言いようもなく**（父帝の）**面影が心に残り悲しい**。御涙も**こらえきれず**、「目覚め

「さめざらましを」とおぼすもかひなし。源氏の大将、須磨の浦にて、父御門見た

なければよかったのに」とお思いになるが**どうしようもない**。光源氏が、須磨の浦で、父帝〔＝桐壺院〕

てまつりけん夢の心地したまふも、いとあはれに頼もしう、いよいよ御心強さま

を見申し上げた夢と同じ気持ちがなさるにつけても、（自分も再び都に帰れるだろうと）たいそう**しみじみ期待できるよう**

さりて、かの新発意が御迎へのやうなる釣舟も、便りいできなん〔推量・終〕や〔疑問〕、

で、いよいよお心強くなられて、あの新発意〔＝明石入道〕が（源氏を）お迎えにきたような釣り舟でも、（やってくる）**機会**

と待たるる心地したまふに、大塔の宮よりも、海人の便りにつけて、

がめぐってくるだろうか、と待たれるお気持ちになるところに、（皇子の）大塔の宮からも、漁師のつてを使って、ご連絡

きこえたまふこと絶えず。

申し上げなさることが絶えない。

都にもなほ世の中静まりかねたるさまにきこゆれば、よろづにおぼしなぐさめて、

都でもやはり世の中は鎮まりかねているということなので、（後醍醐天皇は）万事に御心を慰めなさっ

関守の〔主格〕うち寝るひまをのみうかがひたまふに、しかるべき時の〔主格〕至れる〔完了・体〕に〔断定・用〕や〔疑問(↓省)〕、

て、警固の武士がちょっと眠る**すき**ばかりをうかがっていらっしゃると、しかるべき時節が到来したのであろうか、（隠

御垣守にさぶらふ兵どもも、御気色ほの心得て、なびきつかうまつらん〔意志・終〕と思

岐での）御所を警固する武士たちも、（後醍醐天皇の）ご意向をなんとなく悟って、**心を寄せお仕え申し上げよう**という気を

なことだ。

□くんず【屈ず】ふさぎこむ。

□おほとのごもる【大殿籠る】「寝」の尊敬語。お休みになる。

□いたう【甚う】「いたく」のウ音便。ひどく。はなはだしく。

□こうず【困ず】①疲れる。②困る。

□心ならず ①本心と違って。②無意識に。

□ありし【在りし・有りし】①以前の。②生前の。

□さやかなり【清かなり・明かなり】①はっきりしている。②明るい。

□おどろく【驚く】①目を覚ます。②はっと気がつく。

□いはんかたなし【言はん方無し】何とも言いようがない。

□なごり【名残】人が過ぎ去った後に残る気分や面影。

□かなし【愛し・悲し】①いとおしい。かわいい。②悲しい。

□せく【塞く・堰く】①せき止める。②邪魔する。

ふ心つきに〈完了・用〉けれ〈過去・已〉ば、(イ)さるべき限り語らひあはせて、同じ月の二十四日のあけぼの

起こしたので、しかるべき人々だけを味方に引き入れあって、同じ月の二十四日の明け方に、

に、いみじうたばかりて、隠ろへゐて奉る。いとあやしげなる海人の釣

綿密に計画して、隠れて（隠岐から後醍醐天皇を）連れ出し申し上げる。ひどく粗末な漁師の釣り舟のように見せ

舟のさまに見せて、夜深き空の〈主格〉暗きまぎれにおしいだす。折しも、霧いみじう降り

て、未明の空が暗いのに紛れて（舟を）押し出す。ちょうど、霧がたいそうかかって、

て、行く先も見えず、いかさまならん〈推量・体〉とあやふけれど、御心をしづめて念じたまふに、

行く先も見えず、どうなるであろうと心配だったが、（後醍醐天皇が）御心を静めて神仏に祈願なさると、

思ふかたの風さへ〈添加〉吹きすすみて、その日の申の時に、出雲の国に着かせ〈尊敬・用〉たまひぬ〈完了・終〉。

思う方角への風までが吹き（舟が）進んで、その日の午後四時ごろに、出雲の国にお着きになった。

ここにてぞ〈強意(↓)〉、人々心地しづめける〈過去・体(↑)〉。

ここで、人々は心を落ち着かせた。

［出典：『増鏡』第一七　月草の花］

問四『源氏物語』

終日にいりもみつる雷の騒ぎに、さこそ〈強意(↓)〉いへ〈四動・已(↑)〉、いたうこうじたまひに〈完了・用〉けれ〈過去・已〉ば、

一日中激しく荒れ狂った雷の騒ぎで、そうは［＝気強く構えていらっしゃったとは］いっても、ひどくお疲れになってしまったので、

心にもあらずうちまどろみたまふ。かたじけなき御座所なれ〈断定・已〉ば、

（光源氏は）眠るつもりがなくてもついうとうとなさる。畏れ多い御座所《おましどころ》なので、ただ寄りかかっ

□〜あへず　〜しきれない。〜しようとしてできない。

□かひなし【甲斐無し】　効果がない。無駄だ。どうしようもない。

□あはれなり　しみじみと心動かされる。しみじみと趣深い。

□たのもし【頼もし】　①頼りに思われる。②心強い。③期待できる。

□たより【頼り・便り】　①よりどころ。縁故。つて。②よい機会。③手段。

□ひま【隙・暇】　①すきま。②時間のゆとり。

□なびく【靡く】　①（風などにおされて）横に揺れる。②心を寄せる。服従する。

□つかうまつる【仕う奉る】「仕ふ」の謙譲語。お仕え申し上げる。

□さるべき【然るべき】　①それにふさわしい。②そうなるのが当然な。③立派な。

□かたらふ【語らふ】　①話を交わす。相談する。②（特に男女が）親しく交際する。③味方に引き入れる。

ただ寄りゐたまへる《存続・体》に、故院ただおはしましし《過去・体》さまながら立ちたまひて、「などかく
て座っていらっしゃるところへ、亡き父院〔＝桐壺院〕がまるでご生前のお姿そのままでお立ちになって、「どうしてこの
あやしき所にはものするぞ《強意》」とて、御手を取りて引き立てたまふ。「住吉の神の《主格》導
ような鄙びた所にいるのか」と仰せになって、（光源氏の）御手をとってお引き起こしになる。「住吉の神のお導きに
きたまふままに、はや舟出してこの浦を去りね《完了・命》」とのたまはす。
なるままに、早く舟を出してこの浦を立ち去りなさい」とおっしゃる。

〔出典：『源氏物語』明石〕

□ たばかる【謀る】①やり方を考える。計画する。工夫する。②だます。

□ あやしげなり【怪しげなり】いかにも怪しい様子だ。【賤しげなり】いかにも粗末な様子だ。

□ ねんず【念ず】①我慢する。②祈る。

7

8 物語

平家物語《へいけものがたり》

作品解説■ 鎌倉時代の軍記物語。作者については諸説あり、未詳。平清盛《たいらのきよもり》を中心とする平家一門の盛衰を叙事詩的に描く。簡潔で力強い和漢混交文が用いられ、仏教的無常観を基調とする。

予想問題

別冊（問題） p. 74

解答

問一				問二	問三	問四					
1	①	2	④	③	③	i	②	ii	①	iii	①
5点×2				7点	7点	7点×3					

目標点

31／45

問題文の概要

●あらすじ●

一の谷の西の手の大将軍であった薩摩守忠度《さつまのかみただのり》は、逃げる途中で岡部六野太《おかべのろくやた》忠純《ただずみ》に追いつかれ、味方の兵士たちは皆逃げてしまう。刀を打ち合った末、念仏を唱える忠度を討ち取った六野太は、忠度が携帯していた歌を見て彼が薩摩守だと知り、忠度の首を高々とかかげて名乗りをあげるが、敵も味方も文武両道の忠度の壮絶な死を惜しんだ。

●内容解説●

平家の大将軍平忠度の最期を描いた名高い場面です。岡部六野太との一騎打ちが軍記物語らしい迫力ある語り口で表現されています。勇猛な武士であり和歌の名手でもあった忠度の死への深い哀惜を読み取ることができます。

設問解説

問一 解釈

傍線部を品詞分解して訳し、選択肢と照らし合わせます。

傍線部1

①いかなる―人―②で―③ましまし―④候―⑤ぞ

① 形動 どのような。
② 格助 状態［〜である］
断定の助動詞「なり」の連用形「に」＋接続助詞「て」の転。
③ 動 「まします」いらっしゃる。「あり」の尊敬語。
④ 補動 「候（ふ）」の連体形。丁寧［〜ます］
⑤ 終助 強意［訳は不要］

直訳▼どのような人でいらっしゃいますか

「まします」が尊敬語、「候」が丁寧語とわかれば、①が正解だとわかります。傍線部の直後に「名乗らせ給《たま》へ」とあり、「せ給ふ」が尊敬語なので、それがヒントになります。
六野太が忠度にむけて発した言葉で、相手が「大将軍」だと思って敬意を表しています。

傍線部2

②今―は―①かう―と―③や―思は―④れ―⑤けん

① 副 このように。「かく」のウ音便。
② 「今はかう」（慣用句）＝もはやこれまで。
③ 係助 疑問［〜か］
④ 助動 「る」の連用形。尊敬［〜なさる］
⑤ 助動 「けむ（ん）」の連体形。過去推量［〜たのだろう］

直訳▼もはやこれまでと思われたのだろうか

読解ルール 「を」「に」に着目して、文の構造を捉えよ！

まず、「思は」の主語を確認します。直前に「斬《き》り落とす」とあり、格助詞「を」に着眼すると目的語は「薩摩守の右の腕《かひな》」とわかります。よって、「斬り落とした」のは六野太の童《わらわ》で、「斬り落とされた」ほうに主語が交代して、「思は」の主語は薩摩守（＝忠度）です。これによって、「れ」を尊敬だと判断できるので、この時点で正解は④だとわかります。「今はかう」が「もはやこれまで」の意味と知らなくても正解を選ぶことができます。傍線部の直後に、「『しばし退《の》け、十念唱へん』」とて、六野太をつかうで」とあるのもヒントです。もはやこれまでと思った忠度は死を覚悟して、念仏を唱えようとしたということです。

解答 1 ① 2 ④

問二 文法を含む解釈

まずは、傍線部Aを品詞分解して訳しましょう。

味方 ─ ①ぞ ─ と ─ 言は ─ ②ば ─ 言は ─ ③せよ ─ ④かし

① 係助 文末で用いて断定の意味を表す。［〜である］
② 接助 （未然形＋「ば」で）順接仮定条件［〜ならば］
③ 助動 「す」の命令形。使役［〜させよ］
④ 終助 強意［〜よ］

直訳 ▼ 味方だと言うならば言わせろよ

ここで、傍線部Aの発言がどのような状況で誰によってなされたものかを本文で確認します。

本文3行目の「落ち給ふを」の「落つ」は「戦いに負けて逃げる」の意味で、忠度は百人程度の味方の兵士に囲まれながら逃げている状況です。そこへ、現れたのが敵方の六野太です。忠度に追いついた六野太は「名乗らせ給へ」と名を問いますが、忠度は「これは味方ぞ」（自分は味方だ）と答えます。しかし、忠度のお歯黒を見た六野太は、平家の君達《きんだち》だと見抜いて忠度に戦いを挑んできます。そのとき忠度が六野太に向かって発したのが「につくいやつかな。味方ぞと言はば言はせよかし」という言葉です。その言葉を発した後、忠度は刀を抜いて六野太を斬りつけます。

以上を踏まえて選択肢を検討します。

① 「ぞ」は文末の用法。係り結びにはならないので、間違い。
② 「味方ぞ」と言ったのは「忠度」なので、間違い。
③ 「六野太」が「忠度」に言わせるので、「六野太」が主語である。
④ 忠度が六野太に向かって言った言葉なので、間違い。
⑤ 「動揺」が間違い。

⑤について補足説明します。

「これは味方ぞ」と忠度が言ったのは、**身分をごまかして逃げようとしているわけではありません**。2行目「いと騒がず」は「少しも慌てふためくこともなく」の意味、2行目「控へ〳〵」は、ときどき馬を止めては敵と戦いながら後退していくさまを表し、敗軍の中でも落ち着いて堂々と兵を動かしているので、六野太に対してだけ身分を隠して助かろうとしているという解釈は成り立ちません。忠度は六野太を見て、戦うほどの相手ではないと思って**無用な対戦を避けようとした**ということです。それなのに、敵と見抜くや忠度に挑んできた六野太に向けられたのが「につくいやつかな。味方ぞと言はば言はせよかし」という言葉です。「につくいやつかな」の「につくい」は「にくし」の連体形「にくき」のイ音便「にくい」が促音化したもので、「にくし（憎し）」は「それが好きになれない」気持ちを表します。また「やつ」は人をさげすんでいう語です。「味方ぞと言はば言はせよかし」をわかりやすく言うと「俺《おれ》が味方だと言っているのだから、そう信じておけばよいのに」という意味で、勝敗は既に決している中、**挑みかかってくる六野太への批判的な気持ち**を読み取ることができます。「動揺」とは「気持ちが揺れ動くこと」ですが、敵だと見破られて動揺した様子はなく、発言の後も迷うことなく六野太を斬りつけますから、動揺する気持ちを読み取ることはできません。

よって、**正解は③**となります。

「お歯黒」は当時の貴族のたしなみで、源氏方の武士たちはお歯黒をしていないので、六野太は忠度を平家の武将と見抜いたのです。忠度は武士なのになぜお歯黒をしていたのか、それは平家の一族が貴族的なものを尊んでいたからです。平清盛は自分の娘を天皇に嫁がせて権力を握りますが、このやり方は平安時代に摂関政治によって権力を握った貴族の藤原氏と同じです。忠度は武士でありながら和歌にも優れていましたが、その和歌については次の**問三**で解説します。

解答 ③

問三 和歌の解釈

まずは、この歌を品詞分解して訳します。

①行き暮れて ＝ 木の下かげを ＝ やどと ②せ ③ば ＝

④花 ⑤や こよひの ＝ あるじ ⑥なら ⑦まし

① **動**【行き暮る】旅の途中で日暮れとなる。

② **動**「す」の未然形。～する。

③ **接助**（「未然形＋ば」で）順接仮定条件［～ならば］

④ **名** ここは「桜」を指す。

⑤ **係助** 疑問［～か］

⑥ **助動**「なり」の未然形。断定［～である］

⑦ **助動**「まし」の連体形。（係助詞「や」の結び。）推量［～だろう］

直訳 ▼ 旅の途中で日が暮れて木の下陰を宿とするならば、桜の花が今宵《こよい》の宿の主人であろうか。

この歌がいつどのような状況で詠まれたものなのかは、本文からは判断できません。わかっているのは、歌の題が「旅宿《りよしゆくの》花《はな》」であることと、敗走中の忠度が討ち取られたときに身に携えていた歌だということです。歌の内容を詳しく見ると、**仮定条件「せば」**を用いて、旅の途中で日が暮れてしまって宿所がわりに桜の木の下で野宿するという状況を想定しています。「主人」とは「客をもてなす人」のことなので、**桜の花を擬人化し、宿の主である桜の花が自分をもてなしてくれるだろうと想像している**ということです。

以上を踏まえて、選択肢を検討します。

① 桜の花を宿の主にたとえているので、擬人法であり、風流さを感じさせる効果がある。

② 「行き暮れて」は「旅の途中で日が暮れて」という意味であり、「せば」は仮定条件を表すので、宿所が確保できず、木の下陰を宿とすることを仮定している。

③ 「桜の花の咲く木」は情景を描写したものではない。

④ 忠度が「武」に優れている様子は本文に描かれている。和歌をたしなむ様子は描かれていないが、忠度が自作の見事な歌を持っていたことで、「文」にも優れていたことがよくわかる。

⑤ 題が「旅宿花」であり旅情を詠んだ歌であるが、この歌は討ち死にした忠度が携えていたことから、辞世の歌と考えることができる。「辞世」とは「この世に別れを告げる」ことである。

よって、**正解は③**となります。

「行き暮れて」の歌は、日が暮れてしまって桜の木の下で休むという状況を詠んでいますが、平家が劣勢の中、逃げ切れないことを覚悟した忠度が、せめて桜の木の下で死にたいと願ったとも解釈でき、まさしく辞世の歌ということになります。

辞世の歌では、同時代の歌人である西行《さいぎょう》の歌に次のようなものがあります。

ねがはくは花の下にて春死なむその如月《きさらぎ》の望月《もちづき》のころ

（どうか、桜の木の下で春に死にたいものだ。二月の満月の頃に）

また、「花」を擬人化して「宿の主」にたとえる歌が『拾遺《しゅうい》和歌集《わかしゅう》』にあります。平安時代を代表する歌人の藤原公任《ふじわらのきんとう》が詠んだ歌です。

春来てぞ人もとひける山里は花こそやどの主なりけれ

「春がやってきて、初めて人も訪れるようになった。とすれば、山里では花こそが家の主だったのだなあ」の意味で、公任の住む山荘を春になると訪れる人がいて、山荘の主は公任ですが、人々のお目当ては公任ではなく桜の花なのだという気づきを詠んでいます。

忠度はこれらの歌を知っていたかもしれません。和歌に傾倒していた忠度は、この「行き暮れて」の歌の他にも多くの歌を

詠み、その中には勅撰集《ちょくせんしゅう》に選ばれたものもあります。**解答** ③

問四

謡曲『忠度』は、室町時代の能楽者世阿弥《ぜあみ》の能の作品です。『平家物語』〈忠度最期〉にもとづいて書かれたもので、忠度の霊が自分の最期について語るという内容です。

i 内容説明（視点）

空欄Xには物語の視点の違いが入ります。

生徒Aの発言にあるように、『平家物語』は「平曲」として語り広められたもので、琵琶《びわ》法師一人によって語られるので、第三者が平家の興亡について客観的に語るという形式です。本文を見ても、伝聞過去の「けり」が多く用いられていて、語り手が伝聞した過去の出来事を語っていることがわかります。一方で、「謡曲」は能の台本なので、『平家物語』とは違って、語り手だけでなく登場人物の視点で描かれる場面もあります。(ア)は、初めに「われも」とあること、忠度の行為に尊敬語が用いられていないこと、体験過去の助動詞「き（し）」が使われていること、これらから、忠度が自らの経験を語るという形式だとわかります。(イ)は、忠度に対して「まします」や「思し召《おぼ》し」などの尊敬語が使われていることから、『平家物語』と同じように第三者の視点で語られています。(ウ)は、直前に「六野太心に思ふやう」とありますので、六野太の視点で語られているとわかります。

よって正解は②となります。

ii 内容説明（人物像）

空欄Yは、選択肢を見ると、いわゆる人物像を問うていることがわかります。人物像とは、その人物の性格や人柄、能力や業績などのことです。本文にはっきりと評言が書いてある場合を除いて、その人物の言動などから人物像を理解します。この設問では、選択肢に注目すべき場面が挙げられているので、本文の該当箇所を探して、選択肢の内容と照らし合わせるやり方が有効です。

① 『平家物語』では、大将軍に目をつけて追いかけ、手柄をあげようと躍起になる下級武士として描かれているが、『忠度』では忠度からも対戦を望まれる大将軍の対戦相手にふさわしい好敵手

→『平家物語』 3行目「大将軍と目をかけ、鞭鐙《むちあぶみ》を合はせて追つ付き奉り」が合致する。大将軍を討つことは手柄になる。「鞭鐙を合はせて追つ付き」は鞭と鐙の両方を使って必死に馬を走らせる様子なので、「躍起になる」と言える。また、問二で見たように忠度が相手にしなかったことから、六野太は「下級武士」と言える。『忠度』 3行目「これこそ望むところよと思ひ」が合致する。

② 『平家物語』では、馬を走らせて忠度に組みつき×❶刀で突くなど、身のこなしが敏捷《びんしょう》な武士として描かれているが、『忠度』では忠度に組みつくものの馬の間に落ち、取り押さえられる×❷愚鈍な男

→『平家物語』「馬を走らせて忠度に組みつき」は5行目「押しならべてむずと組む」が合致する。8行目に「六野太を」とあるので、刀を突いたのは「忠度」。7行目の「早業」は「敏捷」の意味だが、「おはし」は尊敬語なので、これも「忠度」のこと。よって❶は間違い。
『忠度』「忠度に組みつくものの……取り押さえられる」は3行目「六野太やがて……取つて押さへ」が該当するが、これらは戦いの中の動きのひとつであり、「愚鈍な男」とは言えないので❷も間違い。

③ 『平家物語』では、忠度に最後まで念仏を唱えさせずに首を討ち取る、功名心にはやる東国武士として描かれているが、『忠度』では忠度が念仏を唱え×❶自害するのを待って首を取る、×❷礼節を知る人間

→『平家物語』12行目「と宣《のたま》ひもはてねば、六野太後ろより寄つて薩摩守の頸《くび》を討つ」が合致する。忠度が念仏を唱え終わるのも待たずに首を討ち取ったのは一刻も早く決着をつけたいからだと判断できる。『忠度』に「武蔵の国の住人」とあるように六野太は東国武士である。
『忠度』「念仏を唱え」は、7行目「と宣ひし、おん声」に合致するが、❶は本文に記述がない。従って❷も間違い。

④ 『平家物語』では、討ち取った敵が有名な忠度と知って、勝ち名乗りを上げる勇猛な武士として描かれているが、『忠度』では討ち取った亡骸《なきがら》の箙《えびら》に付けられた短冊の×歌に心を打たれる風流人

→『平家物語』「討ち取った……勝ち名乗りを上げる」は15行目「薩摩守とは知りてんげれ。……と名乗りければ」が合致する。③で見たように六野太は東国武士であり、東国武士は坂東武者とも言い、勇猛さで知られる。
『忠度』「箙に付けられた短冊の歌」は11行目「箙を見れば……付けられたり」が該当するが、「歌に心を打たれる風流人」が間違い。六野太は歌を見て相手が忠度だと知り、その死に対して「いたはし（気の毒だ）」という感情を抱いたので、「情に厚い人」である。


よって、正解は①となります。

六野太は、**『平家物語』では、文武両道の英雄である忠度を討ち取って手柄を挙げた勇猛な東国武士として描かれ、謡曲『忠度』では、忠度を討ち取りながらもその死を悼む情に厚い人物として描かれている**ことがわかります。

六野太は、忠度の菩提《ぼだい》を弔うために所領に忠度の供養塔を建てたと言われています。

iii 内容説明

空欄Zには、『平家物語』と『忠度』を読んだときに受ける

印象の違いが入ります。ここで、軍記物語と謡曲について解説します。

軍記物語とは、鎌倉時代から室町時代の間の歴史上の合戦を題材にして書かれたもので、史実をもとにしています。戦記物とも呼ばれ、合戦の様子を知る史料ともなります。問題文の『平家物語』は、琵琶法師によって語られた「語り物」を起源としていて、盲目の琵琶法師が民衆を前に滅亡した平家の鎮魂のために語ったとも言われています。

一方謡曲とは、日本の古典芸能である能の台本のようなものです。「能」は平安時代に発生したこっけいなものまねである「猿楽」を起源とします。鎌倉時代には劇的な内容をもった「猿楽の能」となり、その後、ものまねの台詞《せりふ》劇の「狂言」と、歌舞に重きをおいた「能」に分かれ、能は室町時代に観阿弥《かんあみ》、世阿弥父子によって幽玄なものに大成されました。

軍記物語と謡曲がどのようなジャンルで、どういう目的で書かれたものであるかを頭に入れておくことが重要です。

選択肢の内容を本文の記述と照らし合わせ、また、そこから感じる印象に矛盾がないか検討します。

8

① 『平家物語』では「かり武者」の逃げる様子などが語られて、戦の経過がよく理解できるのに対して、『忠度』では忠度と六野太のやりとりが中心で、戦全体を描くことに主眼がないように感じられる

→『平家物語』6行目「兵《つはもの》ども、国々のかり武者なれば……落ち行きける」と合致する。

『忠度』「戦全体」の描写はないので、正しい。

② 『平家物語』では「薩摩守の右の腕を、肘のもとよりふつと斬り落とす」などの描写によって戦の生々しさが前面に出ているのに対して、『忠度』では写実的な✕面を切り捨てているために風雅な世界観が感じられる

→『平家物語』他にも8行目「一刀《ひとかたな》、三刀《みかたな》までぞ突かれける」や16行目「太刀の先に貫き」など詳細に生々しく描かれている。

『忠度』3行目「六野太やがてむずと組み」や5行目「腕を打ち落《おと》せば」などと、忠度が討ち取られる場面が写実的に描かれているので、「切り捨てている」が間違い。

③ 『平家物語』は「あつたら大将軍を」とあるように、✕❶勇猛な武士としての忠度の死を惜しむ人々の気持ちが描かれているのに対して、『忠度』は「いたはし」という語が✕❷繰り返し用いられることで優れた歌人としての忠度の死を✕❸悼む人々の気持ちが強く感じられる

→『平家物語』❶が間違い。「あつたら大将軍を」の直前に「武芸にも歌道にも達者にておはしつる人を」とあり、文武両道の大将軍である忠度の死を惜しんでいる。

『忠度』❷が間違い。12行目に「音に、聞こえし薩摩の守」とあり、「歌人として」と限定できない。❸が間違い。(ウ)は、直前に「六野太心に思ふやう」とあり、「いたはし」は六野太の心情を表している。

---

④『平家物語』は「につくいやつかな」や「知りてんげれ」などの促音や撥音《はつおん》を用いていることによって力強さや歯切れの良さが感じられるのに対して、『忠度』の後半は「長月ごろの薄曇り、降りみ降らずみ定めなき」などの七五調を取り入れていることによって、×荘重で詩的な趣が感じられる

↓『平家物語』 矛盾がない。
『忠度』「荘重で詩的な」が間違い。「長月ごろの……定めなき」は七五調になっているが、注にあるように和歌の一節で、12行目「さては疑ひ嵐《あらし》」の「嵐」は「あらじ」の掛詞《かけことば》。このように和歌の要素を取り入れていて優美さが感じられる。

よって、**正解は①**となります。

②について補足説明します。世阿弥が「能」について論じた『風姿花伝《ふうしかでん》』では、「能」の象徴的な美しさを「幽玄」という言葉で表しています。「幽玄」は「深い余情のある趣、上品な美しさ」などを表す言葉ですが、世阿弥の言うところの「能」における「幽玄」とは、「優雅妖艶な情趣」を表します。そして謡曲『忠度』はこの世阿弥によって書かれていますので、謡曲『忠度』は幽玄そのものだと言えます。けれども、本文に戦いの描写がある以上「写実的な面を切り捨てている」とは言えないということです。

④について補足説明します。「てんげれ」は「てんげり」の已然《いぜん》形で、係助詞「こそ」の結びです。「てんげり」は、完了の助動詞「つ」の連用形「て」＋過去の助動詞「けり」の「てけり」を強めるために撥音「ん」が加わり、「けり」の「け」が濁音化したもので、軍記物語や説話などで多く見られます。撥音とは「はねる音」の意味でこれによって歯切れの良さが加わります。また、**問二**で「につくい」を解説しましたが、この他にも、5行目の「あつぱれ」は「あはれ」が、18行目の「あつたら」は「あたら」が促音化したものです。促音とは、「つまる音」の意味でこれによって、力強さが加わります。

『平家物語』の文章は和漢混交文といわれ、和文のやわらかさと漢文の力強さによってめりはりのある文章です。対句表現、擬態語や擬音語、撥音や促音、音便を多用しているのも特徴です。このようなさまざまな表現方法によって、軽快なリズムや力強さ、臨場感がうまれ、物語を聞く者の心を打つのです。

解答 i② ii① iii①

関連メモ **音便**

音便とは、発音しやすいように、語中や語の末尾の音が変化することをいいます。音便には、次の四つの種類があります。

イ音便……変化して「イ」の音になるもの

（例）「書きて」↓「書いて」

「うつくしき花」↓「うつくしい花」

ウ音便……変化して「ウ」の音になるもの

（例）「思ひて」↓「思うて」

「うつくしく」↓「うつくしう」

撥音便……変化して「ン」の音になるもの

（例）「住みて」↓「住んで」

「うつくしかるなり」↓「うつくしかんなり」

促音便……変化して「ッ」の音になるもの

（例）「立ちて」↓「立って」

『平家物語』では、音便が多用されています。本文の例を確認してみましょう。

イ音便……（例）「鞍《くら》おきて」↓「鞍おいて」

「よき大将軍」↓「よい大将軍」

ウ音便……（例）「ふとく」↓「ふとう」

「つかみて」↓「つかうで」

促音便……（例）「寄りて」↓「寄って」

現代語訳

薩摩守忠度は、一の谷の西の手の大将軍にておはしけるが、紺地の錦の直垂に黒
薩摩守忠度は、一の谷の西の陣の大将軍でいらっしゃったが、紺地の錦《にしき》の直垂《ひたたれ》に黒糸威《おどし》の鎧《よろい》

糸威の鎧着て、黒き馬のふとうたくましきに、沃懸地の鞍おいて乗り給へり。その
を着て、黒い馬で肥えてたくましいのに、沃懸地《いっかけじ》の鞍を置いてお乗りになっている。味方の

勢百騎ばかりが中にうち囲まれて、いと騒がず、控へ〳〵落ち給ふを、
兵百騎ほどの中にうち囲まれて、少しも狼狽《ろうばい》せず、ときどき馬を止め(て戦い)ながらお逃げになるの

猪俣党に岡部六野太忠純、大将軍と目をかけ、鞭鐙を合はせて追つ付き奉り、「そ
を、猪俣《いのまた》党の岡部六野太忠純《ただずみ》が、大将軍だと目をつけ、鞭と鐙をあわせ用いて追い付き申し上げ、「いっ

も〳〵いかなる人でましまし候ぞ。名乗らせ給へ」と申しければ、「これは味方
たいどのような方で**いらっしゃい**ますか。お名乗りください」と申し上げたところ、「自分は味方だ」と

ぞ」とてふり仰ぎ給へる内甲より見入れたれば、かね黒なり。**あつぱれ**
言って振り返って見上げなさった冑《かぶと》の内側をのぞき込んだところ、(その人は)歯を黒く染めている。**ああ**味方には

味方にはかね付けたる人はないものを。平家の君達でおはするにこそと思ひ、押し
歯を黒く染めている者はいないのになあ。平家の君達でいらっしゃるのだろうと(六野太は)思い、(馬を)

ならべてむずと組む。これを見て百騎ばかりある兵ども、国々のかり武者なれば一
押し並べてむずと組む。これを見て百騎ほどいる(忠度の)兵たちは、国々からかり集められた武士なので

重要語句

□おはす【御座す】「あり」「行く」「来」の尊敬語。いらっしゃる。

□まします 「あり」の尊敬語。いらっしゃる。

□あつぱれ【天晴れ】「あはれ」の促音化。①ああ。おお。②ああ、すばらしい。

騎も落ち合はず、我先にとぞ〔強意(↓)〕落ち行きける〔過去・体(↑)〕。薩摩守、「につくいやつかな。A味方ぞ〔強意〕

一騎も寄り付かずに、我先にと逃げて行った。薩摩守は、「**憎らしい**やつだな。味方だと言うならば（そう）

と言はば言はせよかし〔使役・命〕」とて、熊野育ち大力の早業にて〔断定・用〕おはしければ〔過去・已〕、**やがて**刀を

言わせておけばよいのに」と言って、熊野育ちの大力の早業使いでいらっしゃったので、**すぐに**刀を抜き、

抜き、六野太を馬の上で二刀、落ちつく所で一刀、三刀までぞ〔強意(↓)〕突かれ〔尊敬・用〕ける〔過去・体(↑)〕。二刀は

六野太を馬の上で二刀、（馬から）落ちたところで一刀、（合わせて）三刀までもお突きになった。二刀は鎧の上か

鎧の上なれば〔断定・已〕通らず、一刀は内甲へ突き入れられたれども、**薄手**なれば〔断定・已〕死なざりけ

らなので通らないし、一刀は冑の内側へ突き入れなさったけれども、**軽傷**なので死ななかったのを、

るを、取つて押さへて頸をかかん〔意志・終〕とし給ふところに、六野太が童おくれ馳せに馳せ

取り押さえて首を斬ろうとなさるところに、六野太の童が遅ればせに駆けつけて、

来つて、打刀を抜き、薩摩守の右の腕を、肘のもとよりふつと斬り落とす。2今は

打ち刀を抜き、薩摩守の右腕を、肘の元からばさっと斬り落とす。（忠度は）

かうとや〔疑問(↓)〕思はれ〔尊敬・用〕けん〔過去推量・体(↑)〕、「しばし退け、十念唱へん〔意志・終〕」とて、六野太をつかうで、

もはやこれまでとお思いになったのだろうか、「しばらく退いてくれ、十念を唱えよう」と言って、六野太をつかんで、弓

弓だけばかり投げのけられたり。その後西に向かひ、高声に十念唱へ、

の長さほど投げのけなさった。その後（極楽浄土のある）西に向かい、高らかな声で十念を唱え、

「光明遍照十方世界、念仏衆生摂取不捨」と**宣ひもはて**ね〔打消・已〕ば、六野太後ろより寄つ

「光明遍照《へんじょう》十方世界、念仏衆生《しゅじょう》摂取不捨」と**おっしゃり終わら**ないうちに、六野太が後ろから近寄って薩

□にくし【憎し】①気にいらない。②みにくい。（ここでは連体形「にくき」が促音便、イ音便で「につくい」）

□やがて　①そのまま。②すぐに。

□うすで【薄手】浅い傷。

□のたまふ【宣ふ】「言ふ」の尊敬語。おっしゃる。

□はつ【果つ】①終わる。なくなる。②死ぬ。③すっかり〜する。

て薩摩守の頸を討つ。よい大将軍討つたりと思ひけれ〔過去・已〕ども、名をば誰とも知らざりけるに、箙に結び付けられたる文を解いて見れば、「旅宿花」といふ題に〔断定・用〕て、一首の歌をぞ〔強意(↓)〕詠まれ〔尊敬・用〕たる〔完了・体(↑)〕。「**B** 行き暮れて木の下かげをやどとせば花や〔疑問(↓)〕こよひのあるじならまし〔推量・体(↑)〕 忠度」と書かれ〔尊敬・用〕たりけるこそ〔強意(↓)〕、薩摩守とは知りてん〔完了・用〕げれ〔過去・已(↑)〕。太刀の先に貫き、高くさしあげ、大音声をあげて、「この日来平家の御方に聞こえさせ〔尊敬・用〕給ひつる薩摩守殿をば、岡部六野太忠純が〔主格〕討ち奉つたるぞや〔強意〕」と名乗りけれ〔過去・已〕ば、敵も味方もこれを聞いて、「あないとほし、武芸にも歌道にも達者に〔断定・用〕ておはしつる人を。あつたら大将軍を」とて、涙をながし、袖をぬらさぬ〔打消・体〕はなかりけり。

摩守の首を討つ。立派な大将軍を討ったとは思ったけれども、名を誰とも知らなかったので、箙に結び付けられていた文を解いて見ると、「旅宿の花」という題で、一首の歌をお詠みになっていた。「旅の途中で日が暮れて木の下陰を宿とする**ならば**、桜の花が今宵の宿の主人となってもてなしてくれる**だろう**か。忠度」とお書きになっていたからこそ、薩摩守とわかった**のであった**。（六野太は忠度の首を）太刀の先に貫き、高く差し上げ、大声をあげて、「この数日平家の御方で**評判高く**いらっしゃった薩摩守殿を、岡部六野太忠純が討ち取り申し上げたぞ」と名乗ったので、敵も味方もこれを聞いて、「ああ**気の毒だ**、武芸にも歌道にも**優れて**いらっしゃった方なのに。**惜しむべき**大将軍だったのに」と言って、涙を流し、袖をぬらさない者はいなかった。

［出典：『平家物語』巻九　忠度最期］

□～せば…まし　もし～だったら…だろうに。

□てんげり　～てしまった。

□きこゆ【聞こゆ】①聞こえる。②評判になる。世に知られる。③意味が通じる。わかる。

□いとほし　①気の毒だ。②かわいい。

□たつしや【達者】技術などの優れていること、人。

□あつたら「あたら【惜】」の促音化。惜しむべき。もったいない。

問四『忠度』

さるほどに一の谷の合戦、今はかうよと見えし(過去・体)ほどに、みなく船に取り乗つて海上に浮かむ。

そうこうしているうちに一の谷の合戦は、もはやこれまでと見えたので、（平家の）人々は残らず皆船に乗って海上に浮かぶ。

(ア) われも船に乗らん(意志・終)とて、みぎはの方にうち出でし(過去・体)に、後ろを見れば、武蔵の国の住人に、岡部の六野太忠純と名乗つて、六七騎にて追つかけたり。これこそ(強意(↓省))望むところよと思ひ、駒の手綱を引つ返せば、六野太やがてむずと組み、両馬が間にどうど落ち、かの六野太を取つて押さへ、すでに刀に手をかけし(過去・体)に、

（忠度は）自分も船に乗ろうと思って、水際のほうへ出たときに、後ろを見ると、武蔵の国の住人で、岡部の六野太忠純と名乗って、六、七騎ほどで追いかけて来ている。これこそ望むところだと思い、馬の手綱を引いて引き返すと、六野太はすぐにむずと組み付き、（二人は）両方の馬の間にどっと落ち、（忠度が）その六野太を取り押さえ、既に刀に手をかけたときに、

(イ) 六野太が朗等、おん後ろより立ち回り、上にまします忠度の、右の腕を打ち落せば、左のおん手にて、六野太を取つて投げのけ、今はかなはじと思し召して、そこ退き

六野太の従者が、（忠度の）御後ろから立ち回り、（六野太の）上にいらっしゃる忠度の、右の腕を打ち落とすと、（忠度は）左の御手で、六野太をつかんで放り投げ、もはやどうしようもないだろうとお思いになって、そこをお退き

給へ人びとよ、西拝まん[意志・終]と宣ひて、光明遍照、十方世界念仏衆生、摂取不捨と宣ひ
ください皆の者よ、西方浄土を拝もうとおっしゃって、光明遍照、十方世界念仏衆生、摂取不捨とおっしゃった、そのお声
し[過去・体]、おん声の下よりも、**いたはしやあへなく**も、六野太太刀を抜き持ち、つひにお
のすぐ後から、**気の毒な**ことに**あっけなく**も、六野太は太刀を抜いて持ち、とうとう御首を打ち落と
ん首を打ち落とす。六野太心に思ふやう、
す。六野太が心の中で思うことには、

(ウ) いたはしやかの人の、おん死骸を見奉れば、その年も**まだしき**、長月ごろの薄曇り、
いたわしいことにその人の、御亡骸を見申し上げると、その年も**まだ若く**、九月ごろの薄曇りの空に、
降り**み**降らず**み定めなき**、時雨ぞ[強意(↓)(↑流)]通ふ斑紅葉の、錦の直垂は、
降っ**たり**降らなかっ**たり**して**定まらない**、時雨が行き来して（染めるように）まだらに色づいた紅葉のような、錦の直垂は、
ただ**世の常**に[断定・用]もあらじ。**いかさま**これは君達の、おん中に[断定・用]こそ[強意(↓)]あるらめ[現在推量・已(↑)]と、お
ただ**尋常**（の武者）ではあるまい。**きっと**この方は（平家の）君達の、その中（のお一人）であろうと、御
ん名**ゆかしき**ところに、箙を見れば不思議やな、短冊を付けられたり。見れば旅宿
名を**知りたい**と思っていたところ、箙を見ると不思議だなあ、短冊をつけていらっしゃった。見ると「旅宿」
の題を据ゑ、行き暮れて、木の下かげをやどとせば、花や[疑問(↓)]こよひのあるじならまし[推量・体(↑)]、
の題を置き、「旅の途中で日が暮れて木の下陰を宿とするならば、桜の花が今宵の宿の主人となってもてなしてくれる
忠度と書かれ[尊敬・用]たり。さては疑ひ嵐の音に、聞こえし[過去・体]薩摩の守に[断定・用]てますぞ[強意(↓)]
だろうか、忠度」とお書きになっていた。それでは疑いあるまい、（この方は）評判の高かった薩摩守でいらっしゃるのはい

□ いたはし【労し】①気の毒だ。かわいそうだ。②大切にしたい。
□ あへなし【敢へ無し】①張り合いがない。②どうしようもない。
□ まだし【未し】まだ早い。未熟だ。
□ 〜み…み 〜たり…たり。
□ さだめなし【定め無し】①変わりやすい。一定しない。②無常だ。
□ よのつね【世の常】世間なみ。普通。
□ いかさま【如何様】①どうみても。きっと。②ぜひとも。なんとかして。
□ ゆかし ①〜したい（見たい・聞きたい・知りたい）。②心惹《ひ》かれる。

形・体(↑)
いたはしき。
たわしいことだ。

[出典：謡曲『忠度』]

8

9

日記

和泉式部日記《いずみしきぶにっき》

作品解説 ■ 平安時代に和泉式部によって書かれた日記。和泉式部と帥宮《そちのみや》敦道《あつみち》親王との愛の経過を、二人の贈答歌を中心に、物語風につづったもの。

予想問題
別冊（問題） p. 84

解答

問一		問二	問三	問四		問五
(ア)	②	④	③	i	③	④
(イ)	②			ii	③	
(ウ)	③					
4点×3		6点	6点	7点×2		7点

目標点 31/45

問題文の概要

● あらすじ ●

二、三日、宮（敦道親王）からの音沙汰がないので、女（和泉式部）が寝られないでいると、夜更けに宮からの手紙が届く。つれない歌を返すと、それを見た宮は、女を自宅に迎えたい気持ちが募る。二日ほど経《た》って、宮が昼間に訪れると、初めてのことに女は気後れしながらも宮を迎え入れる。宮の邸《やしき》に移る決意を促された女は、同居への不安を訴えるが、二人の関係の深まりを感じる。

● 内容解説 ●

筆者である和泉式部（女）と宮の心情が、状況に応じて変化し、それが歌のやりとりによって表現されています。最後に詠まれた連歌には、二人の関係の深まりを読み取ることができます。

設問解説

はじめに『和泉式部日記』について解説します。平安時代の女流歌人である和泉式部によって書かれた日記ですが、筆者は自分を一人称ではなく三人称の「女」と表していますので、日記というよりは物語的な性質をもっています。また、地の文では宮の行為には尊敬語を用いて敬意が表され、女には敬意が表されませんので、それによって主語を判断することができます。会話文ではお互いに尊敬語を用いますので、この法則は使えません。

問一 **解釈**

傍線部(ア)

傍線部を品詞分解して、訳します。

①あな ─ ②おぼえな

①感 ああ。
②形「おぼえなし」の語幹。心当たりがない。思いがけない。

直訳 ▼ ああ、心当たりがないなあ

形容詞の語幹の用法を確認します。

●形容詞の語幹の用法●

1 **感嘆文を作る**
「あな」＋形容詞の語幹
例 あな、めでた。 訳 ああ、すばらしい。
「めでた」は形容詞「めでたし」の語幹

2 **語幹＋「の」＋「名詞」**
連体格の「の」を伴って下の名詞を修飾する
例 めでたのさま（＝めでたきさま）
訳 すばらしい様子

3 **理由を表す**
名詞＋「を」＋形容詞の語幹＋「み」
→「○○が△△ので」の意味を表す。
「を」は省略されることもある。
例 山を高み、 訳 山が高いので、
「高」は形容詞「高し」の語幹

「おぼえな」が**形容詞の語幹用法の感嘆文**だとわかれば、選択肢の中で命令文の訳になっている④と⑤を除くことができます。「おぼえなし」の意味を知っていれば、②「**心当たりがないわ**」を選ぶことができます。念のため、この発言の状況を確認します。

読解ルール　主語の判定は敬語に着目せよ！

本文冒頭の「おともせさせたまはず」は尊敬の助動詞「させ」、尊敬の補助動詞「たまは」が使われているので、主語は「宮」です。その後の「思ひつづくるに、寝《い》も寝られず」は、尊敬語がないことから主語は「女」です。「宮」から何の音沙汰もなく、女が眠れないでいるところから始まって、「あなおぼえなと思へど」と続きます。尊敬語が用いられていない「思へど」の主語は「女」です。夜更けに門を叩《たた》く音がしたことに対する「女」の反応が「あなおぼえな」だったということです。①「自信がないわ」については、「覚え」には「自信」の意味もあります。しかし、門を叩く音を聞いてなんらかの判断をしたうえでの発言なら「自信がない」という解釈も成り立つでしょうが、判断を示す記述はないので、不適切です。③「忘れていないわ」は、誰が何を忘れていないのかはっきりしません。①も③も、門を叩く音を聞いただけの反応としては無理があります。よって**正解は②**となります。

女は門を叩く音を聞いて、「誰かしら、心当たりがないわ」と思ったということですが、宮からの便りを待っていたので、本心では「宮様かしら」と思ったのかもしれません。

傍線部(イ)

「おぼゆる」については、どの選択肢の訳も可能なので、「うひうひし」の意味がポイントです。「うひうひしう」は、形容詞「うひうひし」の連用形「うひうひしく」のウ音便です。

> うひうひし 形 どうしてよいかわからず戸惑っていて、その場に慣れていないと思わせるさま。物慣れない。気が引ける。

「うひうひし」は多義語なので、どのような状況における誰の様子のことなのかを確認します。この傍線部は宮の発言の中にあります。「はやおぼし立て」は宮が女に「早くご決心なさい」と決意を促している発言です。「おぼし立つ」は「思ひ立つ」の尊敬語ですが、はじめに解説したように会話文なので、尊敬語を使って宮も女に敬意を表しています。それに続く「かかる歩《あり》き」とは「このような外出」の意味で、直前にあるように、**女車を装って人目を忍んで外出すること**を指し、それを**宮がつねに「うひうひしう」感じている**ということです。宮が女に自分の邸に一緒に住んでほしいと思っているということは、言い換えれば、このような外出はおっくうだからしたくないと思っていると考えることができるので、単語の意味からも文脈からも**②が正解**となります。

④「気詰まり」は「気が重い」と似ていますが、「周囲に気

を使ってのびのびできない思い」なので、「うひうひし」の解釈として不適です。

天皇の子という立場にある宮は、女性のところに通うことに不慣れで気が重いということです。

傍線部(ウ)

「はかなき」は形容詞「はかなし」の連体形です。

> はかなし 形 「成果がなくもろく頼りない感じ」を表す。頼りない。あっけない。無益だ。
> 世の中 名 世間。この世。男女の仲。身の上。

「はかなし」も「世の中」も多義語なので、単語の意味からは判断できません。

選択肢を見ると、「はかなし」には「許されない」という意味はないので、⑤を除くことができますが、単語の意味を知らないと「身分違い」という文脈からこれを選んでしまうかもしれません。

本文から根拠を探します。ここは**問一**(イ)で解説したように、宮が女に自分の邸に移るように促している発言の中にあるので、この発言をしている宮の関心事は「自分と女の同居のこと」です。よって、「世の中」は**「男女の仲」**の意味だと判断できます。宮は、女のところに通って来ることを気が重いと言い、それに続く「さりとて参らぬはおぼつかなければ」は、「そうだからといってうかがわないのは心配だから」の意味です。「顔を見ないと心配な男女の仲」だということです。これを言い換えると**「頼りない男女の仲」**となります。傍線部の下に「苦し」とあるのもヒントです。よって**正解**は③となります。宮は不安定な二人の関係に苦しんで、安定した関係を望んでいるのです。

解答 (ア)② (イ)② (ウ)③

問二 心情説明

読解ルール 「と」「て」は同じことの言い換えを表す！

傍線部Aの直前に引用の「と」があるので、宮の心内文を確認します。「おしたがへたるここちして」の主語は「宮」なので、その下の「なほ口惜しくはあらずかし。いかで近くて、かかるはかなしごとも言はせて聞かむ」も宮の心内文だと判断できます。「ここちして」の「て」と引用の「と」は言い換えを表すので、「おしたがへたるここちし」＝「心内文」となります。まずは、「おしたがへたるここちして」から訳してみましょう。

「おしたがふ」の「おし」は接頭語で下の動詞の意味を強める働き、「たがふ」は「違ふ」で、「一致しない、はずれる」などの意味なので、「はずれている気持ちがして」の意味です。

これは宮が贈った歌に対して女が返してきた歌の内容が、宮の予想とは違っていた、つまり**意表をつかれた**ということです。
歌を解釈すると、

・宮の歌＝「夜が更けて山の端に曇りなく澄んでいる秋の夜の月をあなたは見ていますか」
・女の返歌＝「夜が更けただろうとは思っても寝られませんが、かえって物思いが募りますから月だけは見ません」

となります。簡単に言うと、宮に「月を見ていますか」と問われて、女が「見ていません」と答えたということです。いかにもそっけない返歌です。実際は本文6行目に「うちながめられて」とあり、女は月を眺めていたので、女は宮の気持ちをわざとはぐらかしたような歌を返したわけです。それで宮は、意表をつかれたのです。それに続く「なほ口惜しくはあらずかし」は「やはり物足りなくはないよ」の意味で、宮はがっかりすることなく、**感心して**います。さらに、「いかで近くて……聞かむ」は「なんとかして近くで、このようなちょっとした歌を詠ませて聞きたい」という意味で、**女を自邸に迎えたいという強い気持ち**が表されています。では、以上を踏まえて、選択肢を検討しましょう。

①「残念に思った」が間違い。意表をつかれ感心した。
②「一刻も早く女に会いに行こうと」が間違い。「近くにいさせたい」と思った。
③「立場上」が間違い。素直な気持ちを詠まないのは恋の駆け引き。従って「申し訳なく」も間違い。
④矛盾点がない。
⑤「予想通りの修辞を盛り込んだ」が間違い。女の歌には掛《かけ》詞《ことば》や縁語などはない。

よって正解は④となります。

『和泉式部日記』の他の場面に、「月は見るらむかし」という記述があり、「あの人も今頃この月を見ているだろうか」と宮が女のことを思うシーンがあります。離れた所にいる二人が同じ月を見て愛情を深めるということを前提とすると、宮に「見ていますか」と問われて「見ていません」と答えているのは、ややへそ曲がりな感じがします。和泉式部の歌は全体にはぐらかしたような内容ですが、そこには真意が巧妙に隠されています。それが『和泉式部日記』の難しさでありおもしろさであると言えるでしょう。

解答 ④

問三 **心情説明**

まずは、傍線部B「ゐざり出《い》でぬ」を訳します。

①ゐざり出で ― ②ぬ

① 動 「ゐざり出づ」の連用形。膝をついた状態で部屋の外に出る。

② 助動 「ぬ」の終止形。完了［～た］

直訳 ▼ 膝をついたまま出た

尊敬語が使われていないので、主語は「女」となり、女が宮の前に姿を見せたということです。

読解ルール 「とて」は同じことの言い換えを表す！

傍線部Bに至る第二段落の内容を確認します。

10行目「女車のさまにてやをらおはしましぬ」の「おはしまし」は尊敬語なので、主語は「宮」だとわかります。「女車のさまにて」の「て」は言い換えを表すので、「女車のさま」＝「やをら」となります。「やをら」は「人目につかないように、そっと」の意味なので、宮は「人目につかないように女の乗る牛車《ぎっしゃ》の様子にしてそっといらっしゃった」ということです。それに続くのが、宮の訪問を受けた女の反応です。傍線部Bの直前に引用の「とて」があるので、「昼などは……あらむずる」が、女の心情です。「昼などはまだ御覧ぜねば」は、「ね」が打消の助動詞「ず」の已然《いぜん》形で、「昼などはまだご覧にならないので」の意味です。これは、男性は暗くなってから女性のもとに通って来て、明け方には帰ってしまうという当時の恋愛形態によるものです。ですから、明るい昼間に女が顔を見せるのは、結婚してからです。電気の明るさに慣れた現代人には当時の夜の暗さは想像を絶するものですが、暗い中で会うのが通常のスタイルです。宮が初めて昼間に訪れたということは、女は初めて明るい中で顔を見られるということなので、「恥づかしけれど（気が引けるけれど）」という気持ちになるわけです。ここで「ど」に着目してください。「ど」は対比を表します。

読解ルール 「ど（ども）」は前後が対比関係にあることを表す！

「ど」の後に「さまあしう恥ぢ隠るべきにもあらず」とあり、女は恥ずかしがるのは「さまあし（みっともない）」と思って隠れるべきではないと、これは自分に言い聞かせている表現です。さらに続く「またのたまふさまにもあらば」は、「宮がおっしゃるような状況になったら」の意味で、つまり「宮の邸に移れば」ということです。宮と一緒に暮らすようになれば、当然昼間でも顔を合わせることになります。「恥ぢきこえさせてやはあらむずる」の「やは」は反語で、「恥ずかしがり申し上げてはいられない」という意味で女の覚悟を表しています。宮が昼間にやって来て気後れを感じながらも、**恥ずかしがるのはみっともない、いずれは昼間でも顔を見せるときが来るのだと、宮に顔を見られることを覚悟して宮の前に姿を見せた**ということです。この女の心の動きが読み取れれば答えは簡単です。

これを踏まえて選択肢を検討します。

①「驚いた」が間違い。「恥づかし」は「気が引ける」の意味。

②「突然の訪問」が間違い。「やをら」は「そっと」の意味。「恥ずかしがるのは当然」が間違い。「恥ずかしがってはいられない」ということ。

③矛盾がない。

④「驚いた」が間違い。

⑤「突然の訪問」が間違い。「やをら」は「そっと」の意味。「みっともない顔」が間違い。「恥ずかしがっているのはみっともない」ということ。

よって、**正解は③**です。

①の「会わないのは失礼」や④の「愛情に応えなければならない」や⑤の「動揺した」については、本文の解釈とは異なりますが、女が宮に会わないのは失礼なことだと想像できますし、女は宮の愛情に応えようとして宮に会ったのだとも考えられます。また予想外なことが起きれば動揺するものなので、どれも正解に見えて判断に迷います。けれど、このように本文に記述や根拠がなく、あいまいな部分は正解の決め手にはなりません。

このような状況ではこのような気持ちになるのだろう、という想像や憶測を解答に持ち込まないことが重要です。また、問題文にはありませんが、和泉式部と敦道親王は正式な結婚（世間にお披露目《ひろめ》するような結婚）をしたわけではなく、同居も夫婦としてではなくて、宮が正妻と住む家に召し使いという建前で連れてくる形です。そのことを知っていれば、この場面における和泉式部の心の動きももっとよく理解できるかもしれません。作品の内容を知っていることは有利ですが、知らない作品が出題されることもありますので、あくまでも本文と設問に示された内容によって判断することが大切です。

解答 ③

問四

まずは、この場面がどのようなものか確認します。宮が女車でやってきて、女が宮に対面した次の場面です。

12行目の「語らはせたまひて」「しばしうち臥《ふ》させたまひて」は接続助詞の「て」によって主語が継続し、尊敬語が使われているので主語は「宮」です。それに続く宮の発言「この聞こえさせしさまに、はやおぼし立て」の「おぼし立て」は命令形で、命令形には願望が含まれていて、宮の心情の鍵となるので、これを訳します。

①こ ― の ― ②聞こえさせ ― し ― ③さま ― に、― ④はや ― ⑤おぼし立て

①代 私（近称）。
②動「聞こえさす」の連用形。申し上げる。「言ふ」の謙譲語。
③名【様】様子。状態。
④副 早く。
⑤動「思し立つ」の命令形。決心なさる。「思ひ立つ」の尊敬語。

直訳▼私の申し上げたように、早くご決心なさい

会話文での謙譲語の主語は「私（宮）」、尊敬語の主語は「あなた（女）」で、リード文に「和泉式部を自宅に迎えたいと伝えた」とあるので、これらを踏まえると、「私が自邸にお迎えしたいと申し上げたのに従って、あなたは早くご決心ください」という解釈になります。宮が女に同居することを決心してほしいと望んでいるということです。

それに答えたのが傍線部X「見ても歎《なげ》く」で、またそれに応じたのが傍線部Y「塩焼き衣」です。傍線部Xを含む発言は、その直後に「と聞こゆれば」とあり、「聞こゆ」は「言ふ」の謙譲語なので、主語は「女」です。傍線部Yを含む発言は、その直後に「とのたまはせて」とあり、「のたまはす」は「言ふ」の尊敬語なので、主語は「宮」です。〈学習プリント〉の中で、傍線部Xが踏まえている和歌Ⅰを女、傍線部Yが踏まえている和歌Ⅱを宮が詠んだ歌としていることもヒントになります。

「引き歌」とは古歌やその一部を引用することです。

次に和歌Ⅰ、和歌Ⅱを訳します。

和歌Ⅰ

見てもまた ＝ ①またも ②見まくの ＝ ③ほしければ ＝ なるるを人は ＝ 厭《いと》ふ ④べらなり

①副「また」を強めたもの。もう一度。
②名「見ること」の意味。「まく」は名詞をつくる接尾語。
③形「欲し」の已然形。欲しい。望ましい。
④助動「べらなり」の終止形。推量［～のようだ］

直訳▼会ってもまた会いたいので、馴《な》れることを人は嫌がるようだ。

直訳だとわかりづらいので補足説明すると、馴れ親しまなければ会ってもすぐにまた会いたくなるものだが、馴れてしまうと会いたい気持ちが薄れてしまうので、馴れることを人は嫌う、

という意味です。

和歌Ⅱ

①伊勢《いせ》のあまの ＝ ②塩焼き衣 ＝ なれてこそ ＝
人の恋しき ＝ ことも知ら③るれ

①「伊勢のあまの塩焼き衣」＝「馴れて」を導く序詞《じょことば》。実質的な意味はない。「馴れ」に「萎れ（衣が体にぴったり合うようになる）」が掛けてある。
②**名** 塩焼きをする人が着る粗末な衣。
③**助動**「る」の已然形。（係助詞「こそ」の結び。）自発「自然と〜する」

直訳 ▼ 馴れてこそ人恋しさも自然とわかる。

この二つの歌は別々に詠まれていた古歌ですが、女と宮の言葉のやりとりの中で引用されているので、**贈答歌**として読むことができます。贈答歌とは、多くの場合男女が意中を述べ合ってやりとりする歌のことです。贈答歌では、相手の歌に詠まれた言葉を用いて返すことが通常で、そこが歌のポイントとなります。実際二つの歌を並べてみると、どちらにも「なる」という動詞が使われているので、「なる」が鍵になると考えられます。二人は「同居すること」について話しているので、「なる」は「同居すること」によって生じる状態だと判断できます。

和歌Ⅰでは「なる」を「人が嫌うもの」として、否定的に捉え、「馴れることで新鮮さがなくなり、会いたいという気持ちが薄れていくという不安」を詠んでいるので、これを本文に即して解釈すると、「宮と同居すると一緒にいることに馴れて新鮮さが失われて、愛情が薄れるのではないかと不安です」となります。

一方、和歌Ⅱは、序詞の「伊勢のあまの塩焼き衣」の「長く着ているうちに体になじむ」という意味を受けて、「なる」を肯定的に捉え、「馴れ親しんでこそ人恋しさがわかる」と詠んでいるので、これを本文に即して解釈すると、「同居をして馴れ親しんでこそ愛情は深まるものですよ」となります。

女の引き歌の意図＝「なる」は同居のデメリット→愛情が薄れる
⇔
宮の引き歌の意図＝「なる」は同居のメリット→愛情が深まる

ここで、「見ても歎く」の前後の女の発言の内容を確認します。直前の「ともかくものたまはせむままにと思ひたまふる」を品詞分解して訳します。

①ともかくも ― ②のたまはせ ― ③む ― ④ままに ―

と ― 思ひ ― ⑤たまふる

① 副「ともかくも」＝どのようにでも。

② 動「のたまはす」の未然形。おっしゃる。「言ふ」の尊敬語（ここでは主語は「宮」）。

③ 助動「む」の連体形。婉曲《えんきょく》［～ような］

④「ままに」（連語）＝～のとおりに。

⑤ 補動「給《たま》ふ」（下二段活用）の連体形。謙譲。主語は一人称（ここでは「女」）。

直訳▼どのようにでも宮のおっしゃるようなことのとおりにと私は思います

「宮のおっしゃるようなこと」とは、リード文の「和泉式部を自宅に迎えたいと伝えた」ことを指すので、「**宮のおっしゃるとおり同居したいと思います**」の意味です。

続いて、直後の「といふことにこそ思ひたまへわづらひぬれ」を品詞分解して訳します。

と ― いふ ― こと ― に ― こそ ― ①思ひ ― ②たまへ ― わづらひ ― ③ぬれ

① 動【思ひ煩ふ】あれこれ思い悩む。

② 補動「給ふ」（下二段活用）の連用形。謙譲。主語は一人称（ここでは「女」）。複合動詞「思ひわづらふ」の間に入り込んでいる。

③ 助動「ぬ」の已然形。（係助詞「こそ」の結び。）完了［～てしまった］

直訳▼ということに思い悩んでしまいました

宮の邸に移るよう決心を促された女は、宮の言うとおりに同居しようと思うが、「愛情が薄れるのではないか」と思い悩んでその不安を訴えているということです。それに対して宮は「同居することで愛情は深まる」と応じて女の不安を払拭することで、同居を決心するよう説得しているということです。

以上を踏まえてⅰとⅱを検討します。

ⅰ 和歌を踏まえた心情説明 難

和歌Ⅰ

空欄Aは、選択肢①②の「なれなれしくなる」も、③④の「新鮮さが失われる」も「なる」を否定的に捉えた言葉ですが、「なれなれしい」には「礼儀知らず」の意味があり、恋人同士の同居の話題で礼儀について言及するのは不自然なので、③④の「新鮮さが失われる」のほうがより文脈に合っています。けれどここでは選択肢を絞らずに検討を続けます。空欄Bは

①③の「愛情が薄れる」と②の「嫌いになる」はほぼ同じ内容で、④の「別れる」は、愛情が薄れたり嫌いになったりした後で別れることもあるので、ここでも選択肢を絞らないで進めます。

和歌Ⅱ

空欄Cは、選択肢①④の「体になじむ」も、②③の「慣れ親しむ」も「なる」を肯定的に捉えた言葉ですが、「体になじむ」は和歌Ⅱの解説で述べたように、序詞の「塩焼き衣」が「体になじむ」ということです。序詞はあくまでも歌の飾りなので実質的な意味はなく、宮の心情を表していないので①④は間違いです。宮が言いたいのは「同居することによって馴れ親しむ」ということです。よって、ここで選択肢を②と③に絞ることができます。空欄Dは、宮と女が同居を話題にしていることから、既に愛し合っていると判断できるので、①②の「愛情が芽生える」は間違いです。「人恋しさも自然とわかる」という直訳に照らし合わせると「愛情が芽生える」を選んでしまうかもしれませんが、既に愛し合っている二人にとって、「人恋しさがわかる」は「人恋しさの理解が深まる」ことであり、「愛情が深まる」ことだと解釈して矛盾はありません。

よって、**正解は③**となります。

ii **和歌を踏まえた内容説明** 難

iの正解をヒントにしながら選択肢を検討します。

① 「人は厭ふ」は「馴れることを人は嫌う」の意味なので、「世間の人が非難する」は間違い。よって「世間は理解してくれる」も間違い。

② ①と同じく「人は厭ふ」は「人から憎まれる」の意味ではないので間違い。「障害を乗り越えていける」と解釈できる根拠がないので間違い。

③ 矛盾がない。

④ 「結局は宮と別れることになる」は、「愛情が薄れる」と結果として「別れる」ことになる可能性もあるので、完全な間違いとは言えない。「二人がともに老いるまで愛情は続く」と解釈できる根拠がないので間違い。

よって、**正解は③**です。

④のように「完全な間違いとは言えない」という判断になる場合、その部分は解答の決め手にはならないので、その部分にこだわって時間を費やしてしまうのは避けたいところです。あくまでも本文の記述に合致しているかどうか、根拠があるかどうか、この二点をしっかり検討することが重要です。

解答 i ③ ii ③

問五　連歌の内容説明

「言の葉ふかく＝なりにけるかな」は、七音・七音で和歌（短歌）の下の句、「白露の＝はかなくおくと＝見しほどに」は、五音・七音・五音で上の句ですから、二人で上の句と下の句を詠んだということです。これを連歌といいます。尊敬語「のたまはすれ」から下の句を詠んだのが宮、謙譲語「聞こえさする」から上の句を詠んだのが女だとわかります。

まずはこの連歌を訳します。

> 言の葉ふかく ＝ なりにけるかな
> **直訳**▼言の葉が深くなってしまったなあ

> 白露の ＝ はかなくおくと ＝ 見しほどに
> **直訳**▼白露がはかなく置くと見ていたうちに

当時、秋の露に濡れて木の葉は紅葉すると考えられていましたので、この連歌は「言の葉」の「言の」がなければ、白露によって檀《まゆみ》の木の葉が色づいた情景を詠んだ歌に見えます。

着眼点　本文に登場する地名や動植物は和歌の修辞になる可能性あり！

男女の詠み交わす歌の情景描写は、多くが心情に関わっています。ここでも「葉」ではなく「言の葉」となっているのがヒントです。「言の葉」には「言葉」の意味と紅葉した檀の「葉」が掛けられているとわかります。そして、「ふかく」にも二重の意味があるはずで、「檀の葉の真紅の色が深くなった」という情景に「言葉が深まった」という意味が掛けてあると読み取ることができます。「言葉」とは心の表出で、ここでは「愛情表現をする言葉」と捉えることができ、「言葉が深まった」とは「愛情が深まった」ということです。一方「白露」は「草木に置いた白く光る露」を言い、「白露が置く」とは、「白く光る露がおりる」という情景ですが、「見しほどに」の「し」は過去の助動詞「き」の連体形なので、「白露のはかなくおく」は過去の状況ということです。現在と過去が対比になっているとわかります。

> 下の句＝現在＝葉の色が深くなった→**愛情が深くなった**
> ⇔　**対比**
> 上の句＝過去＝白露がはかなく置く→［　？　］

このように「愛情が深まる」との対比だと考えると、「白露のはかなくおく」は**過去における宮の愛情のはかなさ**（深さと対比される「浅さ」）を表していると想像できます。「見し」は「女が見ていた」ということで、女が宮の愛情をはかなく感じていたということです。これは、**問一**(ウ)で見た「はかなき」と同じ

9

です。宮は女との関係を「頼りない男女の仲」だと思っていますが、女も宮の愛情を頼りないと感じていたのです。

「白露」は「恵み」の意味で、高貴な男性の愛情のたとえとして用いられることがあります。「露」はすぐに消えてしまうことから、はかない命のたとえとなることもありますが、ここは人の命にかかわる場面ではないので、命のはかなさではなく、愛情のはかなさを表しているのです。

以上を踏まえて、選択肢を検討します。

①矛盾点がない。
②矛盾点がない。
③矛盾点がない。
④「起く」が掛詞になる必然性がないので間違い。
⑤矛盾点がない。

よって、正解は④となります。

④の掛詞について、補足説明します。

歌によっては、「おく」が「置く」と「起く」の掛詞になることもあります。たとえば、『古今和歌集《こきんわかしゅう》』恋歌一に次のような歌があります。

つれもなき人をやねたく白露のおくとは嘆き寝《ぬ》とは偲《しの》ばむ

解釈▼冷淡なあの人がにくらしく、それでも起きては嘆き、寝ては偲ばずにはいられないのか。

この歌では「おく」が「置く」と「起く」の掛詞になっています。

「白露が置く」という情景と実際に「起きる」という状況がある場合は掛詞になりますが、本文では誰かが「起きる」という状況ではないので、掛詞とする根拠がありません。このように、ある語が掛詞になる場合もあればならない場合もありますので、なんでもかんでも掛詞になるという先入観をもって歌を解釈するのは危険です。あくまでも本文の状況や登場人物の心情に照らし合わせて掛詞の有無を検討することが重要です。

解答 ④

関連メモ **『古今和歌集』『古今和歌六帖《こきんわかろくじょう》』**

『古今和歌集』…平安時代に醍醐《だいご》天皇の勅命によって、紀貫之《きのつらゆき》らが撰集《せんしゅう》した最初の勅撰和歌集。歌風は優美繊細で知的、七五調を基本に縁語・掛詞などの修辞が多用されている。

『古今和歌六帖』…平安時代の類題和歌集。編者などは未詳。『万《まん》葉集《ようしゅう》』『古今和歌集』『後撰和歌集《ごせんわかしゅう》』などの歌を題によって分類編集する。

現代語訳

かくて、二三日おともせさせたまはず。頼もしげにのたまはせしことも、いかになりぬるにかと思ひつづくるに、寝も寝られず。目もさまして寝たるに、夜やうやうふけぬらむかしと思ふに、門をうちたたく。(ア)あなおぼえなと思へど、問はすれば、宮の御文なりけり。思ひがけぬほどなるを、「心や行きて」とあはれにおぼえて、妻戸押し開けて見れば、

こうして、二、三日（宮様は）なんのお便りもくださらない。期待できそうな様子で（邸に引き取って一緒に暮らそうなどと）おっしゃったことも、どうなってしまったのだろうかと考え続けると、眠ることもできない。目を覚まして横になっていると、夜もしだいに更けてしまったのだろうと思う頃に、（家の）門をしきりに叩く（音がする）。あら（誰かしら）心当たりがないわと思うけれども、（取次に）尋ねさせると、宮からのお手紙であった。思いがけない時刻なので、「心が通じたのか」としみじみと感動的に思って、妻戸を押し開けて（月の光でお手紙を）読むと、

見るや君さ夜うちふけて山の端にくまなくすめる秋の夜の月

あなたはご覧になっていますか。夜が更けて山の端に少しの曇りもなく澄んでいる秋の夜の月を。

うちながめられて、つねよりもあはれにおぼゆ。門も開けねば、御使待ち遠にや思ふらむとて、御返し、

（とあった。思わず月が）眺められて、いつもよりも（御歌が）しみじみと感じられる。門も開けないので、御使者も待ち遠しく思っているだろうかと思って、ご返歌は、

重要語句

- □おと【音】便り。
- □たのもしげなり【頼もしげなり】頼りにできそうである。将来が期待できそうである。
- □のたまはす【宣はす】「言ふ」の尊敬語。おっしゃる。
- □いもねず【寝も寝ず】眠ることもしない。
- □やうやう【漸う】①しだいに。②やっと。
- □おぼえなし【覚え無し】思いがけない。思いもよらない。心当たりがない。
- □あはれなり　しみじみと心動かされる。しみじみと趣深い。
- □くまなし【隈無し】①暗い部分がない。②行き届いていて欠点がない。
- □うちながむ【打ち眺む】もの思いに沈んで、ぼんやりと見る。

ふけぬ〔完了・終〕らむ〔現在推量・終〕と思ふものから寝られね〔打消・已〕どなかなかなれば月はしも見ず

夜も更けただろうと思っても寝られませんが、（月を見ると）かえって物思いが増しますので、月だけは見ていません。

とあるを、おしたがへたるここちして、なほ口惜しくはあらずかし。いかで近くて、かかるはかなしごとも言はせ〔使役・用〕て聞かむ〔意志・終〕とＡおぼし立つ。

と書いてあるのを、（宮は）意表をつかれた気持ちがして、「やはり（あの人は）つまらなくはないよ。なんとかして身近に置いて、こんなちょっとした歌でも詠ませて聞きたい」と決心なさる。

二日ばかりありて、女車のさまにてやをらおはしましぬ〔完了・終〕。昼などはまだ御覧ぜね〔打消・已〕ば、恥づかしけれど、さまあしう恥ぢ隠るべきに〔断定・用〕もあらず。またのたまふさまに〔断定・用〕もあらば、恥ぢきこえさせてや〔反語(↓)〕はあらむずる〔適当・体(↑)〕とて、Ｂゐざり出でぬ〔完了・終〕。

二日ほどたって、（宮様は）女車のいでたちでそっとおいでになった。（宮様は私を）昼間などはまだご覧になったことがないので、気が引けるけれど、見苦しく恥ずかしがって隠れているわけにもいかない。また（もし宮様が）おっしゃるように（お邸に移るということにでも）なれば、恥ずかしがり申し上げてはいられないと思い、にじり出た。

日ごろのおぼつかなさなど語らはせ〔尊敬・用〕たまひて、しばしうち臥させ〔尊敬・用〕たまひて、「この聞こえさせし〔過去・体〕さまに、はやおぼし立て。かかる歩きのつねに(イ)うひうひしうおぼゆるに、さりとて参らぬ〔打消・体〕はおぼつかなければ、(ウ)はかなき世の中に苦し」

（宮様は）この数日のもどかしさなどをお話しになり、しばらく横になられて、「私の申したように（私の邸に移ることを）、早くご決心なさい。このような（人目を忍んだ）外出はいつも気が重く思われるのですが、そうかといってうかがわないのは気がかりですので、頼りない私たちの仲が苦しく思われます」

□ものから　①（逆接条件）～けれども。～ものの。②（順接条件）～だから。

□なかなかなり　①中途半端だ。②かえって～しないほうがよい。

□くちをし【口惜し】①残念だ。②物足りない。感心しない。

□はかなし【果無し】①頼りない。あっけない。②ちょっとした。つまらない。

□おぼしたつ【思し立つ】「思ひ立つ」の尊敬語。（ある事をしようと）決意なさる。決心なさる。

□やをら　そっと。静かに。

□おはします【御座します】「あり」「行く」「来」の尊敬語。いらっしゃる。おいでになる。

□ごらんず【御覧ず】「見る」の尊敬語。ご覧になる。

□はづかし【恥づかし】①恥ずかしくきまりが悪い。気後れする。気が引ける。②（こちらが恥ずかしくなるほど）立派だ。

とのたまはすれば、「ともかくものたまはせむ（婉曲・体）ままにと思ひたまふるに、『X見ても歎く』といふことにこそ（強意(↓)）思ひたまへわづらひぬれ（完了・已(↑)）」と聞こゆれば、「よし見たまへ。

とおっしゃるので、「どのようにでも（宮様の）仰せのようなとおりに（いたしたい）と思いますが、『見ても歎く』ということに思い悩んでしまいました」と申し上げると、（宮様は）「まあ見ていなさい。

『Y塩焼き衣』にて（断定・用）ぞ（強意(↓)）あらむ（推量・体(↑)）」とのたまはせて、出でさせ（尊敬・用）たまひぬ（完了・終）。

『塩焼き衣』ということでしょう」とおっしゃって、（外に）お出になった。

前近き透垣のもとに、**をかしげなる**檀の紅葉の（同格）すこしもみぢたるを、折らせ（尊敬・用）たまひて、高欄におしかからせ（尊敬・用）たまひて、

庭先の透垣《すいがい》のもとに、**いかにも美しい**檀の紅葉で少しだけ色づいているのを、（宮は）お折りになって、欄干にもたれかかりなさって、

a 言の葉ふかくなりに（完了・用）けるかな

檀の紅葉よりも私たちの愛情は深くなりましたね。

とのたまはすれば、

とおっしゃるので、

b 白露の（主格）はかなくおくと見し（過去・体）ほどに

白露がはかなげに置くように、宮様のかりそめの愛情をいただいたと思っておりましたうちに。

と**聞こえさする**さま、**なさけなからずをかし**とおぼす。

と**申し上げる**（女の）様子を、**不粋で**なく〔＝趣があり〕**すばらしい**とお思いになる。

［出典：『和泉式部日記』］

9

□さまあし【様悪し】見苦しい。みっともない。

□かたらふ【語らふ】①話を交わす。相談する。②（特に男女が）親しく交際する。③味方に引き入れる。

□ありき【歩き】歩きまわること。外出。

□うひうひし【初々し】①物慣れない。②うぶだ。③気が引ける。きまりが悪い。

□さりとて【然りとて】そうかといって。そうであっても。

□おぼつかなし　①はっきりしない。②気がかりで不安だ。③待ち遠しい。

□よのなか【世の中】①世間。②男女の仲。③一生。生涯。

□たまふ【給ふ】①（四段）尊敬の補助動詞。お～になる。②（下二段）謙譲の補助動詞。～ております。

□おもひわづらふ【思ひ煩ふ】あれこれと思い悩む。

□きこゆ【聞こゆ】「言ふ」の謙譲語。申し上げる。

□をかしげなり　かわいらしい。趣が

問四　『古今和歌集』『古今和歌六帖』

Ⅰ　見てもまたまたも見まくのほしければなるるを人は厭ふべらなり

（馴れてしまわなければ）会ってもすぐにまた会いたくなるので、馴れ親しむことを人は嫌がるようだ。

〔出典：『古今和歌集』恋歌五〕

Ⅱ　伊勢のあまの塩焼き衣なれてこそ（強意（↓））人の恋しきことも知らるれ（自発・已（↑））

伊勢の海女《あま》が着る塩焼き衣が体になじむように、馴れ親しんでこそ人恋しさも自然とわかる。

〔出典：『古今和歌六帖』第五〕

ある。

□きこえさす【聞こえさす】（サ行下二段）「言ふ」の謙譲語。申し上げる。

□なさけなし【情けなし】①思いやりがない。②無風流だ。

□をかし　①すばらしい。美しい。趣がある。②こっけいだ。③愛らしい。かわいらしい。

9

10

評論・随筆

勢語臆断《せいごおくだん》・玉勝間《たまかつま》

作品解説 ■『勢語臆断』江戸時代に契沖《けいちゅう》によって書かれた『伊勢物語《いせものがたり》』の注釈書。『伊勢物語』を作り物語と捉え、『古今和歌集《こきんわかしゅう》』との関係を考察し、それ以前の古注を批判し一新した。契沖は真言宗の僧であり国学者。■『玉勝間』本居宣長《もとおりのりなが》による随筆。学問論・古道論など宣長晩年の見識と境地がうかがえる。

予想問題
別冊（問題）p. 94

解答

問一				問二	問三	問四	問五	問六
(ア)	②	(イ)	①	④	②	④	③	⑤
4点×2				5点	8点	8点	8点	8点

目標点
31/45

問題文の概要

● あらすじ ●

【文章Ⅰ】『勢語臆断』

『伊勢物語』の最後に載る「つひにゆく」の歌について論じている。後世の人は人生の最期に臨んで嘘《うそ》偽りの気持ちを歌に詠んだが、在原業平《ありわらのなりひら》は偽りのない真実の心をこの歌に詠んでいるとし、『大和物語《やまとものがたり》』で描かれた「つひにゆく」の歌を詠む業平の状況を示して、業平の歌が真心を詠んだものであると高く評価している。

【文章Ⅱ】『玉勝間』

『古今和歌集』の「つひにゆく」の歌について、『勢語臆断』の記述を引用したうえで契沖の考えを肯定し、さらに契沖を「やまとだましひ」を持った人として称賛し、中国の学問の影響を受けた神道者や歌学者たちを「から心なる」者だと批判している。

● 内容解説 ●

在原業平によって詠まれた一首の歌を高く評価した契沖の文章を受けて、本居宣長はそれを「やまとだましひ」と「から心」の議論へと発展させています。

契沖と本居宣長について解説します。

> **契沖**
>
> 江戸前期の国学者で真言宗の僧侶。主な著書に『万葉代匠記《まんようだいしょうき》』『古今余材抄《こきんよざいしょう》』などがある。復古思想に基づいた古典研究を行い、近世国学の基礎を築いた。

> **本居宣長**
>
> 江戸中期～後期の国学者。主な著書に『古事記伝《こじきでん》』『源氏物語玉の小櫛《げんじものがたりたまのおぐし》』『玉勝間』などがある。「もののあはれ」の文学論を展開した。また、復古思想を説き、「やまとだましい（日本人本来のあり方）」に戻ることを唱えた。

設問解説

問一 解釈

傍線部㋐

①かねて ― ②聞きおき ― ③たれ ― ④ど

> ① **副** 【予て】あらかじめ。前もって。
>
> ② **動** 【聞き置く】聞いて心にとどめておく。
>
> ③ **助動** 「たり」の已然形《いぜん》。完了［～た］
>
> ④ **接助** 逆接［～けれど］
>
> **直訳** ▼ 前もって聞いて心にとどめていたけれど

「かねて」「聞きおく」の二つの単語のどちらかの意味を知っていれば正解を選ぶことができます。**正解は②となります。**

なお、②「あらかじめ」とは「物事の始まる前に、あることをしておくさま」の意味です。「あらかじめ」の正しい意味がわかっていないと、「ある動作が終わっている」ことを表す④「すでに」と迷うかもしれません。古文単語の意味（対応する現代語）を丸暗記するだけではなく、その根本的な働きを知っておくことが必要です。

10

傍線部(イ)

「ことごとしき」は、形容詞「ことごとし」の連体形です。

> ことごとし **形**「事事し」いかにも仰々しい。大げさだ。

これも単語の知識があれば簡単に解けます。

問三で詳しく解説しますが、筆者は、後世の人が詠んだ「ことごとしき歌」や「道をさとれるよしなどをよめる（歌）」を「いつはり（嘘）」だと批判し、「狂言綺語《きようげんきぎよ》」だと言っています。「狂言綺語」は**注**にあるように、「道理に合わない語、巧みに飾った語」のことなので、「ことごとしき」の意味はそれと同じだとわかり、「大げさな」が一番近い意味だと判断できます。よって、**正解は①**となります。

解答 (ア)②　(イ)①

問二　表現

まずは二重傍線部を品詞分解して訳します。

> ①今は｜②と｜あら｜③む｜時｜④だに｜心｜の｜⑤まこと｜に｜⑥かへれ｜⑦かし
>
> ① **名** 最期・臨終。
> ② 「とあり」＝〜という。
> ③ **助動**「む」の連体形。婉曲《えんきよく》［〜ような］
> ④ **副助** 最小限の希望［せめて〜だけでも］
> ⑤ **名** 真実。
> ⑥ **動**「かへる」の命令形。戻る。
> ⑦ **終助** 強意。
>
> **直訳▼**せめて臨終というような時だけでも心の真実に戻れよ

歌論は筆者が読者に対して歌の是非について論じているものです。

5行目の「ただなる時こそ……かへれかし」は、地の文にあるので、筆者が読者に向けた言葉です。「かへれ」は命令形なので、そこには筆者の願望が込められています。「ただなる時こそ狂言綺語をもまじらめ」は、「普通の時は狂言綺語を交えてもよいが」の意味です。「ただなる時（普通の時）」と「臨終の時」を対比させて、「普通の時は狂言綺語を詠んでもよいが「せめて臨終の時だけは心の真実を詠んでほしい」と読者に訴えているのです。以上を踏まえて選択肢を検討します。

①「業平が」が間違い。筆者は一般論を述べている。

②「生きている」が間違い。「とあり」は「〜という」の意味。

③「かへれ」は命令形で、命令文の中の「だに」は最小限の希望を表す。

④矛盾がない。

⑤「死んでいく者への哀悼の意」が間違い。命令形「かへれ」に「かし」が付くことで、筆者の主張を強調している。

よって、**正解は④**となります。

解答 ④

問三 内容説明

まずは傍線部A「業平は一生のまことこの歌にあらはれ、後の人は一生のいつはりをあらはすなり」を訳します。

> まこと［名］真実。真情。
> いつはり［名］嘘。そらごと。
> **直訳**▼業平は一生の真情がこの歌に表れ、後世の人は一生の嘘を表しているのである

問一(イ)でも述べましたが、改めて詳しく解説します。

傍線部Aは、業平と後世の人の歌に対する筆者の評価の言葉です。前半の「業平は一生のまことこの歌にあらはれ」は、傍線部3行前の「たれたれも時にあたりて思ふべき事なり。これまことありて人の教へにもよき歌なり」を言い換えたものです。後半「後の人は一生のいつはりをあらはすなり」は、2行前の「後々の人、死なむとするにいたりて、……まことしからずしていとにくし」を言い換えたものです。

> 業平は一生のまことこの歌にあらはれ
> ＝
> たれたれも時にあたりて思ふべき事なり。これ［まことあり］て人の教へにも［よき歌］なり
> …**プラスの評価**

⇔ **対比**

> 後の人は一生のいつはりをあらはすなり
> ＝
> 後々の人、死なむとするにいたりて、ことごとしき歌をよみ、あるいは道をさとれるよしなどをよめる、［まことしからず］していと［にくし］
> …**マイナスの評価**

これを見ると、「この歌」とは「死にそうになった時に詠んだ歌」ということです。また、現代語でも「一生の願い」「一生の不覚」という表現があるように、「一生の」は「生涯に一度しかないような、重大な」の意味です。業平の歌は「一生のまこと」が表現されていてよい歌、後世の人の歌は「一生のいつはり」

を表現していてよくない歌だと契沖は言っているのです。

以上を踏まえてまとめると以下のようになります。

> 業平の「つひにゆく」の歌
> ＝
> 死にそうになった時誰もが思うこと→**「まこと（真情）」**

⇔ **対比**

> 後世の人の歌
> ＝
> 大げさな心情や悟った心境→**「いつはり」**

ここで、「つひにゆく」の歌を解釈します。「つひにゆく道」とは「最後に行く死出の道」のことで、「自分の死について前もって聞いて覚悟はしていたけれど、それが昨日今日とは思わなかった」となり、「昨日今日とは」とは、**死が自分の目前に迫ったことへの驚きや戸惑いの気持ち**を表し、筆者はこれを、死にそうになった人が思う「まことの心」だと言っているのです。

以上を踏まえて、選択肢を検討します。

① 「誠実な生き方」が間違い。
② 矛盾点がない。
③ 「死への恐怖」が間違い。
④ 「一生をかけて追求した誠の道」が間違い。
⑤ 「生死を超越した」は「悟った」ということで、悟った歌を詠んでいるのは後世の人なので、間違い。

よって、**正解は②**となります。

この一文に【文章Ⅰ】の主旨が言い尽くされています。筆者は「つひにゆく」の歌は人生の最期に臨んで心の真実を表現した歌だと高く評価しているのです。

このように歌論（評論）や注釈書では、**対比**や**具体例**を示したり、同じ主旨を繰り返したりすることによって、歌の是非を論じます。【文章Ⅰ】の最後でも、「今々《いまいま》となれる時、かかる歌よまれたるは、心の歌となれる故なり」と、筆者の主張を繰り返し述べています。

解答 ②

問四 和歌の心情説明

まずは、傍線部Bを訳します。

> けふ｜は｜①とは｜②ず｜③て｜④暮らし｜⑤て｜⑥む｜⑦と｜や
>
> ① 動【訪ふ】見舞う。

②助動「ず」の連用形。打消［〜ない］
③接助 単純接続［〜して］
＊「ずて」＝〜しないで。
④動【暮らす】過ごす。
⑤助動「つ」の未然形。強意［きっと］
⑥助動「む」の終止形。意志［〜よう］
⑦とや（連語）＝格助詞「と」＋係助詞「や」。問いかけの気持ち［〜というのか］

直訳▼今日は見舞わないで過ごそうというのか

「とふ」には「問ふ」と「訪ふ」があり、「安否を問う・見舞う・訪問する」などの意味があります。また、「見舞う」とは「病人などを訪ねて慰めること」だけではなく「手紙などで安否を尋ねること」も含むので、ここでは実際に訪問したのか、見舞いの手紙を出しただけなのかを判断する必要があります。9行目「え行きもとぶらひたまはず」の「とぶらふ」は「とふ」と同じ意味で、「行って見舞うことができない」ということです。これに対して、直後の「しのびしのびになむとぶらひける」は「行き」がないので、「こっそり見舞いの手紙を出す」という意味だと判断できます。つまり、弁《べん》の御息所《みやすどころ》は、実際に中将のところへ行って見舞うことはできないので、見舞いの手紙を出したということです。よって、この「とふ」も「見舞いの手紙を出す」ということだとわかります。

次に、この歌が詠まれた状況を見ます。

和歌の直前の「さるにとはぬ日なむありける」は「ところが見舞いの手紙が来ない日があった」の意味、「病《やまひ》もいとおもりてその日になりにけり」は、「病気も重くなって死ぬ日になってしまった」の意味で、重い病を患った中将（業平）にそれまではたびたび弁の御息所から見舞いの手紙が来ていたのに、**手紙の来ない日**があり、その日は**業平が死を迎えた日**だったということです。そしてその**業平から御息所に届いたのが、「つれづれと」の歌です。**「とはず」と「暮らし」の主語は同じで、「見舞わないで過ごす」のは「弁の御息所」です。

上の句の「つれづれといとど心のわびしき」の主語は、この歌を詠んだ本人、つまり業平です。「わびし」は「ものごとがはかどらず、苦しんだり嘆いたりするさま」を表します。「いとど」とあるので、御息所からの見舞いの手紙が来なくて「ますます」苦しいと訴え、「今日はこのまま見舞わずに過ごしてしまわれるのですか」と問いかけて、**見舞ってくれない弁の御息所に対する恨めしい気持ちを詠んでいる**ということです。それは「見舞ってほしい」という気持ちだとも言えます。ずっと届いていた手紙が来なくてこの歌を詠んだのですから、「見舞いの手紙がほしい」と思ったのだと理解するのが妥当でしょう。

以上を踏まえて選択肢を検討します。

①「とはず」は「（手紙で）見舞わない」の意味なので「訪れがない」が間違い。「暮らす」は「過ごす」の意味なので「日が暮れてしまいました」が間違い。

②弁の御息所が詠んだ歌という設定になっているので間違い。

③「とはず」は「あなたが私を見舞わない」の意味なので、「あなたに何もお尋ねせず」が間違い。「暮らす」は「あなたが過ごす」の意味なので「そのまま過ごせ」が間違い。

④矛盾がない。

⑤「とはずて暮らしてむとや」は「見舞わないで過ごそうというのか」の意味で、「見舞ってほしい」という気持ちを表しているので、「もう訪ねて来ないで自宅で過ごしてほしい」が間違い。よって、「相手の立場を思いやる」も間違い。

よって、**正解は④**となります。

そして、この「つれづれと」の歌を受け取った弁の御息所の反応が、12行目「『よわくなりにたり』といといたう泣きさわぎて、返事などもせむとする」です。この歌を受け取った弁の御息所は、業平が弱ってしまったと思って泣き騒いで、返事を書こうとしたということです。

また、14行目の「とよみてなむ絶えはてにけり（と詠んで息絶えてしまった）」**が指しているのは、「つれづれと」の歌ではなく、「つひにゆく」の歌です**。**【文章Ⅰ】は「つひにゆく」の歌の注釈なので**、『大和物語《やまとものがたり》』の中の歌ではなく**冒頭の歌を指しているということです**。よって、15行目の「かかる歌」も「つひにゆく」の歌を指しているのは言うまでもありません。

解答 ④

問五　内容合致

『大和物語』についての内容合致問題なので、選択肢の内容の該当箇所を【文章Ⅰ】から探して照らし合わせて、矛盾点の有無を検討します。

①「左大弁の……仕えていたが」は7行目「水尾の帝《みかど》の御時、……いますかりける」が合致する。「御息所」とは「天皇に仕える女性」のこと。「その人のもとへ……通っていた」は8行目「在中将しのびてかよひけり」が合致する。

②「在中将は……本妻もいて」は8行目「中将病《やまひ》いとおもくして……もとの妻《め》もあり」が合致する。「内密な関係だった……できなかった」は9行目「しのびてあることなれば、え行きもとぶらひたまはず」が合致する。「しのぶ」は「人目を忍ぶ」、「とぶらふ」は「見舞う」の意味。

③「訪れていた」が間違い。**問四**で見たように、9行目「とぶらひ」と10行目の「とは」の「とふ」は「見舞いの手紙をやる」の意味。「行けない日があった」が間違い。「とはぬ日」は「手紙をやらない日」の意味。

④「在中将から届いた歌を……泣き騒ぐ」は12行目「いといたう泣きさわぎて」が合致する。「返歌をしないうちに訃報を聞いた」は12行目「返事などもせむとするほどに……と聞きて」が合致する。

⑤「在中将は、……贈ったが」は10行目「その日になりにけり。中将のもとより……とておこせたり」が合致する。「その日」は「臨終の日」、「おこせたり」は「よこした」の意味。「死ぬ間際には……息絶えた」は13行目「死なむとすること、今々となりて……絶えはてにけり」が合致する。「今々となりて読みたりける歌」は「つひにゆく」の歌を指す。14行目の「とよみてなむ絶えはてにけり」の引用の「と」は、2行目の「つひにゆく」の歌を受けている。

よって、③が正解です。

④は、「泣きさわぎて」には尊敬語が用いられていないので、御息所の行為と思わなかったかもしれませんが、敬語だけに頼って主語を決定するのは危険です。ひとつひとつの動作(行為)を丁寧に読みながら主語を決めていく必要があります。

問六　内容説明 難　　**解答** ③

【文章Ⅱ】6行目「死ぬるなり」までは、【文章Ⅰ】の契沖の文章を要約しています。そしてそれに対する評価を表しているのが、「ほふしのことばにもにず、いといとたふとし」です。「法師の言葉にも似つかわしくなく、たいそう尊い」と言って、**本居宣長は契沖の考えを全面的に肯定して高く評価**しています。

「ほふし」は「法師」で、「仏教によく通じていて、その教法の師となる者」のことです。仏教はインド発祥の宗教で、中国や朝鮮を経て日本に伝わりました。仏教の経典を学んだ「法師」は本居宣長の定義によれば、「から心」を持った人ということになります。

そしてこの契沖を「やまとだましひなる人」だと称賛し、それと対比される人として「から心なる神道者・歌学者」を挙げています。**「やまとだましひ」**は「大和魂」で、**「日本人固有の精神」**、**「から心」**は「漢心」で、**「漢籍を学ぶ者が中国の文化を尊び、万事をその基準で判断しようとする精神」**です。本文の最後には、契沖は「やまとだましひ」を持った人であり、まことを教え、神道者や歌学者は嘘を教えるのだと言っています。

このように宣長は「やまとだましひ」を持った人を称賛し、「から心」を持った人を批判しているので、法師である契沖に対して「法師に似つかわしくない」という表現になっているのです。

本居宣長は、「後世の人」を「漢籍の影響を受けた人」と捉えて、「つひにゆく」の歌に詠まれた「まこと」と後世の人の詠んだ「いつはり」を、それぞれ「やまとだましひ」と「から心」という表現に発展させています。

【文章Ⅱ】をまとめると以下のようになります。

> 契沖→**やまとだましひ**なる人
> =
> 日本人固有の精神を持つ人→「**まこと**」を教える人

⇔ **対比**

> 神道者・歌学者→**から心**なる人
> =
> 漢籍を基準として判断する人→「**いつはり**」を教える人

さらには、

> 業平の「つひにゆく」の歌
> =
> 「**まこと**」を詠んだ歌→「**やまとだましひ**」の歌

⇔ **対比**

> 後世の（漢籍の影響を受けた）人の歌
> =
> 「**いつはり**」を詠んだ歌→「**から心**」の歌

と発展的に捉えることができます。

以上を踏まえて、選択肢を検討します。

① 矛盾点がない。

② 矛盾点がない。

③ 【文章Ⅱ】6行目「ほふしのことばにもにず」とあり、正しい。仏教も中国から伝わったものであり、「やまとだましひ」を失っているということで矛盾がない。

④ 矛盾点がない。

⑤ 仏教を学んだ人は「から心なる人」なので間違い。

よって、**正解は⑤**となります。

【文章Ⅱ】に書かれているのは、学問と言えば漢学（儒学）だった江戸時代に、それに対抗して盛んになった国学研究の中心的人物であった本居宣長の考えです。

解答 ⑤

現代語訳

【文章Ⅰ】

むかし、男**わづらひ**て**心地**死ぬべくおぼえけれ《過去・已》ば

昔、男が**病気**で死にそうな**気持ち**に感じられたので（詠んだ歌、）

つひにゆく道とは**かねて**聞きしかどきのふけふとは思はざりし《過去・体》を

最後には必ず行く死出の道だとは**あらかじめ**聞いていたが、（それが）昨日今日（旅立つ差し迫ったものだ）とは思っていなかったよ。

死ぬる事のがれぬ《打消・体》**習ひ**とは(ア)かねて聞きおきたれど、きのふけふならむ《推量・終》とは思はざりし《過去・体》をとは、たれたれも時にあたりて思ふべき事なり《断定・終》。これ**まこと**ありて人の教へにもよき歌なり《断定・終》。後々の人、死なむ《推量・終》とするにいたりて、(イ)**ことごとしき**歌をよみ、あるいは道をさとれる《完了・体》**よし**などをよめる《存続・体》、**まことしから**ずしていと**にくし**。**ただなる**時こそ《強意(↓)》狂言綺語をもまじらめ《適当・已(↑)》、**今はとあらむ《婉曲・体》時だに《最小限の希望》心のまことにかへれ**

死ぬことは逃れられない**この世の習い**だとはあらかじめ聞いてはいたが、昨日今日だろうとは思っていなかったことよとは、誰も皆その時に臨んで思うに違いないことである。この歌は**真実の心**があって人の教えにもよい歌である。後世の人は、死のうとする時に臨んで、**大げさな**歌を詠み、あるいは道理を悟った**ということ**などを詠んでいるが、**真実味**に欠けたいそう**気にいらない**。**普段の**時には道理に合わない語や巧みに飾った語も混ざってよいが、**せめて臨終**というような時**だけでも**真実の心に返ってほしい

重要語句

- □わづらふ【煩ふ】①思い悩む。苦労する。②病気になる。
- □ここち【心地】①気持ち。気分。②病気。
- □かねて【予て】前もって。あらかじめ。
- □ならひ【習ひ・慣らひ】①ならわし。習慣。②世の常。
- □まこと【真・実・誠】①真実。真理。②偽りのないこと。真心。
- □ことごとし【事事し】大げさだ。仰々しい。
- □よし【由】①風情。②由緒。理由。③手段。方法。④〜ということ。趣旨。
- □まことし【真し・実し】①本当らしい。②実直だ。③本格的だ。
- □にくし【憎し】①気にいらない。②みにくい。
- □ただなり【徒なり・只なり】①むなしい。無駄だ。②ふつうだ。あたり

10

A 業平は一生のまことこの歌にあらはれ、後の人は一生のいつはりをあらはかし。
業平は一生の真実がこの歌に表れ、後世の人は一生の偽りを（歌に）表すものだ。

すなり［断定・終］。大和物語に云く、水尾の帝の御時、左大弁のむすめ、弁の御息所とて**いますかり**けるを、在中将しのびてかよひけり。中将病いとおもくしてわづらひけるを、もとの妻もあり。これはいとしのびてあることなれ［断定・已］ば、**え**行き**もとぶらひ**たまは**ず**。しのびしのびになむ［強意（↓）］とぶらひける（↑流）こと日々ありける。さるに**とは**ぬ［打消・体］日なむ［強意（↓）］ありける［過去・体（↑）］。病もいと**おもり**てその日になりに［完了・用］けり。
『大和物語』にいうことには、水尾の帝の御在位の頃に、左大弁の娘で、弁の御息所という方が**いらっしゃった**が、在中将（＝業平）が人目を忍んで（その方のもとに）通っていた。中将は病気をたいそう重く患ったが、本妻もいる。これ（＝弁の御息所との関係）はたいそう人目を忍んでいることなので、（弁の御息所は）行って**見舞い**をなさることも**できない**。こっそり隠れて見舞いの手紙を出すことが毎日続いた。ところが**見舞いの手紙を出さ**ない日があった。病状もたいへん**重くなって**（ついに死ぬ）その日になってしまった。

中将のもとより、
中将のもとから、

つれづれと**いとど**心の［主格］**わびしき**に
B けふはとはずて暮らしてむ［強意・未］［意志・終］とや
しみじみもの寂しく過ごして、（病気のために）**ますます**心が**つらく思われる**のに、今日は見舞わずに過ごそうというのか。

とて**おこせ**たり。「よわくなりにたり［完了・用］」といといたう泣きさわぎて、返事などもせむ［意志・終］
と**言ってよこした**。「弱ってしまっている」と（弁の御息所は）たいそう泣き騒いで、返歌などをしようとし

まえだ。

□ いまは【今は】臨終。死にぎわ。

□ だに ①せめて～だけでも。②～さえ。

□ いますかり【在すかり】「あり」の尊敬語。いらっしゃる。

□ え～ず ～できない。

□ とぶらふ【訪ふ】①訪問する。②見舞う。【弔ふ】死を悼む。

□ とふ【問ふ・訪ふ】①尋ねる。②訪問する。見舞う。③とむらう。

□ おもる【重る】①重くなる。②病気が重くなる。

□ つれづれ【徒然】①することもなく退屈であること。②もの寂しいこと。

□ いとど いっそう。ますます。

□ わびし【侘びし】①つらく苦しい。②貧しくみすぼらしい。

□ おこす【遣す】こちらへ送ってくる。

とするほどに、「死にけり」と聞きて、いと**いみじかりけり**。死なむ〔推量・終〕とすること、今々となりて読みたりける歌、今の如し。

ているうちに、「亡くなった」と聞いて、たいそう**悲しんだ**。死ぬだろうという、間際になって詠んだ歌は、今の（「つひにゆく……」の）とおりだ。

とよみてなむ〔強意(↓)〕絶えはてに〔完了・用(破格)〕けり、とあり。

（「つひにゆく……」）と詠んで息が絶えてしまった、とある。

今々となれる〔完了・体〕時、かかる歌よまれ〔尊敬・用〕たるは、心の歌となれる〔完了・体〕故なり〔断定・終〕。

死ぬ間際になった時、このような歌をお詠みになったのが、真実の心の歌となった理由である。

［出典：『勢語臆断』下之下］

【文章Ⅱ】

古今集に、やまひして、よわくなりに〔完了・用〕ける時よめる〔完了・体〕、なりひらの朝臣、

『古今和歌集』に（ある）、「病気をして、衰弱した時に詠んだ（歌）」（という詞書《ことばがき》の）、在原業平朝臣《あそん》（の作）、

つひにゆく道とはかねて聞きしかどきのふけふとは思はざりし〔過去・体〕を

最後には必ず行く死出の道だとはあらかじめ聞いていたが、（それが）昨日今日（旅立つ差し迫ったものだ）とは思っていなかったよ。

契沖いはく、これ人のまことの心にて〔断定・用〕、をしへにもよき歌なり〔断定・終〕。後々の人は、死

契沖が（評して）言うことには、これは人間の真意であって、歌道の手本としてもよい歌である。後世の歌人が、まさに

10

□いみじ　①すばらしい。②ひどい。恐ろしい。悲しい。③並々ではなくたいそうなことだ。

な**ん**《推量・終》とする**きは**にいたりて、ことごとしきうたをよみ、あるは道をさとれ**る**《完了・体》よしな
死のうとする**間際**になって、大げさな歌を詠んだり、あるいは道を悟ったということなどを詠んだりしている

どよめ**る**《存続・体》、まことしからずして、いとにくし。ただなる時**こそ**《強意(↓)》、狂言綺語をもまじ
のは、真実らしくなく、ひどく気にいらない。普段のなんでもない時には、道理に合わない語や巧

へ**め**《適当・已(↑)》、いまはとあら**ん**《婉曲・体》ときに**だに**《最小限の希望》、心のまことにかへれかし。此の
みに飾った語も交えてよいが、せめていまわの際というような時だけでも、真実の心に立ち返ってほしいものだ。この業

朝臣は、一生のまこと、此の歌にあらはれ、後の人は、一生の偽りをあらはして死
平朝臣は、一生の真情が、この歌に表れ(ているのに対して)、後世の歌人は、一生の虚偽を表して死ぬのであると言っ

ぬる**なり**《断定・終》といへ**る**《存続・体》は、**ほふし**のことばにもにず、いといと**たふとし**。**やまとだまし**
ているのは、**法師**の言葉にも似つかわしくなく、なんとも**尊い**。**日本人固有の精神**

ひな**る**《断定・体》人は、法師ながら、か**くこそ**《強意(↓)》有り**けれ**《過去・已(↑)》。**から心**な**る**《断定・体》神道者・歌学者、**まさに**
を持っている人は、法師であっても、このよう(に立派)であった。**中国思想**にとらわれている神道者や歌学者は、**どうし**

かうはいは**ん**《推量・終》**や**。契沖法師は、よの人にまことを教へ、神道者・
てこの(契沖の)ように言えよう**か**、言えはし**まい**。契沖法師は、世間の人に真実を教え、神道者や歌

歌学者は、いつはりを**ぞ**《強意(↓)》をしふ**なる**《推定・体(↑)》。
学者は、虚偽を教えているようだ。

〔出典：『玉勝間』五の巻　四四　業平の朝臣のいまはの言の葉〕

□きは【際】①端。境目。②家柄。身分。③場合。

□ほふし【法師】仏教によく通じて、その教えの師となる者。僧。

□たふとし【貴し・尊し】①敬うべきである。尊い。②優れて価値がある。

□やまとだましひ【大和魂】日本人固有の精神。

□からごころ【漢心】漢籍を学び、中国文化に心酔し、感化された精神。

□まさに〜や　どうして〜か、いや、〜ない。

ジャンル別文学史

●文学史を、ジャンル別・おおまかな年代順で示した。（成立年代に諸説ある作品や複数のジャンルにわたる作品もある。）
●おもな作品名（作者名）を掲げ、重要な作品は赤色で示した。（俳諧の流派を《　》で示した。）

奈良時代｜平安時代

800｜900｜1000｜1100

説話

- 日本霊異記《にほんりょういき》（景戒《けいかい》）
- 今昔《こんじゃく》物語集
- 古本《こほん》説話集

物語

歴史書
- 古事記《こじき》
- 日本書紀《にほんしょき》

作り物語
- 竹取《たけとり》物語
- うつほ物語
- 落窪《おちくぼ》物語
- 源氏《げんじ》物語（紫式部《むらさきしきぶ》）
- 浜松中納言《はままつちゅうなごん》物語
- 夜《よる》の寝覚《ねざめ》
- 狭衣《さごろも》物語
- 堤中納言《つつみちゅうなごん》物語
- とりかへばや物語

歌物語
- 伊勢《いせ》物語
- 大和《やまと》物語
- 平中《へいちゅう》物語

歴史物語
- 栄花《えいが》物語
- 大鏡《おおかがみ》
- 今鏡《いまかがみ》

日記

- 土佐《とさ》日記（紀貫之《きのつらゆき》）
- 蜻蛉《かげろう》日記（藤原道綱母《ふじわらのみちつなのはは》）
- 和泉式部《いずみしきぶ》日記
- 紫式部《むらさきしきぶ》日記
- 更級《さらしな》日記（菅原孝標女《すがわらのたかすえのむすめ》）
- 成尋阿闍梨母集《じょうじんあじゃりのははのしゅう》〈日記的歌集〉
- 讃岐典侍《さぬきのすけ》日記

随筆

- 枕草子《まくらのそうし》（清少納言《せいしょうなごん》）

詩歌・評論など

和歌集
- 万葉集《まんようしゅう》

勅撰《ちょくせん》和歌集（八代集）
- 古今《こきん》和歌集（紀貫之《きのつらゆき》ら撰）
- 後撰《ごせん》和歌集（清原元輔《きよはらのもとすけ》ら撰）
- 拾遺《しゅうい》和歌集
- （以上、三代集）
- 後拾遺《ごしゅうい》和歌集
- 金葉《きんよう》和歌集
- 詞花《しか》和歌集
- 千載《せんざい》和歌集（藤原俊成《ふじわらのとしなり》撰）

漢詩文集
- 懐風藻《かいふうそう》
- 文華秀麗集《ぶんかしゅうれいしゅう》

詩歌集
- 和漢朗詠集《わかんろうえいしゅう》（藤原公任《ふじわらのきんとう》撰）

歌謡集
- 梁塵秘抄《りょうじんひしょう》

私家集
- 山家集《さんかしゅう》（西行《さいぎょう》）

歌論
- 古今《こきん》和歌集仮名序《かなじょ》（紀貫之）
- 俊頼髄脳《としよりずいのう》（源《みなもと》俊頼）

江戸時代 (1800 … 1700) | 室町時代 (1600 … 1400) | 鎌倉時代 (1300 … 1200)

発心集《ほっしんしゅう》（鴨長明《かものちょうめい》）
宇治拾遺物語《うじしゅうい》
閑居友《かんきょのとも》
十訓抄《じっきんしょう》
古今著聞集《ここんちょもんじゅう》（橘成季《たちばなのなりすえ》）
沙石集《しゃせきしゅう》（無住《むじゅう》）

小説・戯曲など

擬古物語
松浦宮物語《まつらのみや》

愚管抄《ぐかんしょう》（慈円《じえん》）— 神皇正統記《じんのうしょうとうき》（北畠親房《きたばたけちかふさ》）

水鏡《みずかがみ》— 増鏡《ますかがみ》

軍記物語
保元物語《ほうげん》
平治物語《へいじ》
平家物語《へいけ》— 源平盛衰記《げんぺいじょうすいき》— 太平記《たいへいき》
曽我物語《そが》
義経記《ぎけいき》

仮名草子
醒睡笑《せいすいしょう》（安楽庵策伝《あんらくあんさくでん》）

浮世草子《うきよぞうし》
好色一代男《こうしょくいちだいおとこ》・好色五人女《こうしょくごにんおんな》・日本永代蔵《にっぽんえいたいぐら》・世間胸算用《せけんむねさんよう》（井原西鶴《いはらさいかく》）

浄瑠璃《じょうるり》
曽根崎心中《そねざきしんじゅう》・冥途の飛脚《めいどのひきゃく》・国性爺合戦《こくせんやかっせん》（近松門左衛門《ちかまつもんざえもん》）

読本《よみほん》
雨月物語《うげつ》（上田秋成《うえだあきなり》）— 南総里見八犬伝《なんそうさとみはっけんでん》（曲亭馬琴《きょくていばきん》）

滑稽本《こっけいぼん》
東海道中膝栗毛《とうかいどうちゅうひざくりげ》（十返舎一九《じっぺんしゃいっく》）

紀行文
海道記《かいどうき》
東関紀行《とうかんきこう》
建礼門院右京大夫集《けんれいもんいんうきょうのだいぶしゅう》〈日記的歌集〉
十六夜日記《いざよい》（阿仏尼《あぶつに》）
とはずがたり

俳諧紀行文
おくのほそ道《みち》・笈の小文《おいのこぶみ》（松尾芭蕉）

方丈記《ほうじょうき》（鴨長明《かものちょうめい》）— 徒然草《つれづれぐさ》（兼好法師《けんこう》）— 折たく柴の記《おりたくしばのき》（新井白石《あらいはくせき》）— 玉勝間《たまかつま》（本居宣長《もとおりのりなが》）
花月草紙《かげつそうし》（松平定信《まつだいらさだのぶ》）

新古今和歌集（藤原定家《ふじわらのさだいえ》ら撰）
金槐和歌集《きんかい》（源 実朝《みなもとのさねとも》）

私撰集
小倉百人一首《おぐら》（藤原定家撰）

無名抄《むみょうしょう》（鴨長明）
毎月抄《まいげつしょう》（藤原定家）

物語論
無名草子《むみょうぞうし》

連歌集
菟玖波集《つくば》（二条良基《にじょうよしもと》ら撰）
新撰菟玖波集《しんせんつくば》（宗祇《そうぎ》ら撰）

俳諧集
犬筑波集《いぬつくば》（山崎宗鑑《やまざきそうかん》編）— 《貞門《ていもん》》（松永貞徳《まつながていとく》）
《談林《だんりん》》（西山宗因《にしやまそういん》）
《蕉風《しょうふう》》（松尾芭蕉《まつおばしょう》）
猿蓑《さるみの》
炭俵《すみだわら》

能楽論
風姿花伝《ふうしかでん》（世阿弥《ぜあみ》）

連歌論
ささめごと（心敬《しんけい》）

俳文集
風俗文選《ふうぞくもんぜん》（森川許六《もりかわきょりく》編）— 鶉衣《うずらごろも》（横井也有《よこいやゆう》）

俳諧句文集
新花摘《しんはなつみ》（与謝蕪村《よさぶそん》）— おらが春《はる》（小林一茶《こばやしいっさ》）

国学
万葉代匠記《まんようだいしょうき》（契沖《けいちゅう》）— 歌意考《かいこう》・万葉考《まんようこう》（賀茂真淵《かものまぶち》）— 源氏物語玉の小櫛《たまのおぐし》・古事記伝《でん》（本居宣長）

俳論
三冊子《さんぞうし》（服部土芳《はっとりとほう》）
去来抄《きょらいしょう》（向井去来《むかいい》）

用言活用表

◆動詞活用表

種類	例語	語幹	未然形	連用形	終止形	連体形	已然形	命令形	ポイント
四段活用	書く	書	か a	き i	く u	く u	け e	け e	・「a・i・u・e」の四段で活用する。
上二段活用	起く	起	き i	き i	く u	くる uる	くれ uれ	きよ iよ	・「i・u」の二段で活用する。
下二段活用	受く	受	け e	け e	く u	くる uる	くれ uれ	けよ eよ	・「u・e」の二段で活用する。
上一段活用	見る	○	み i	み i	みる iる	みる iる	みれ iれ	みよ iよ	・「i」の一段で活用する。
下一段活用	蹴《け》る	○	け	け	ける	ける	けれ	けよ	・「蹴る」の一語のみ。
カ行変格活用	来《く》	○	こ	き	く	くる	くれ	こ こよ	・「来」の一語のみ。
サ行変格活用	す	○	せ	し	す	する	すれ	せよ	・「す」「おはす」のみ。「具す」などの複合動詞もある。
ナ行変格活用	死ぬ	死	な	に	ぬ	ぬる	ぬれ	ね	・「死ぬ」「往《い》（去《い》）ぬ」のみ。
ラ行変格活用	あり	あ	ら	り	り	る	れ	れ	・「あり」「をり」「侍《はべ》り」「いますがり」のみ。

◆形容詞活用表

種類	例語	語幹	未然形	連用形	終止形	連体形	已然形	命令形	「本活用」の後ろには助動詞以外の語が付く。「補助（カリ）活用」の後ろには助動詞が付く。
ク活用	高し	高	○	く	し	き	けれ	○	本活用
			から	かり	○	かる	○	かれ	補助（カリ）活用
シク活用	うつくし	うつく	○	しく	し	しき	しけれ	○	本活用
			しから	しかり	○	しかる	○	しかれ	補助（カリ）活用

◆形容動詞活用表

種類	例語	語幹	未然形	連用形	終止形	連体形	已然形	命令形
ナリ活用	あはれなり	あはれ	なら	なり に	なり	なる	なれ	なれ
タリ活用	漫々《まんまん》たり	漫々	たら	たり と	たり	たる	たれ	たれ

おもな助動詞活用表

接続	基本形	未然形	連用形	終止形	連体形	已然形	命令形	活用の型	おもな意味（訳）
未然形	る	れ	れ	る	るる	るれ	れよ	下二段型	①自発（自然と～される・思わず～してしまう）②可能（～できる）③受身（～される）④尊敬（～なさる・お～になる）
	らる	られ	られ	らる	らるる	らるれ	られよ		
	す	せ	せ	す	する	すれ	せよ	下二段型	①使役（～させる）②尊敬（～なさる・お～になる）
	さす	させ	させ	さす	さする	さすれ	させよ		
	しむ	しめ	しめ	しむ	しむる	しむれ	しめよ		
	ず	○	ず	ず	ぬ	ね	○	特殊型	打消（～ない）
		ざら	ざり	○	ざる	ざれ	ざれ		
	む（ん）	○	○	む（ん）	む（ん）	め	○	四段型	①推量（～だろう）②意志（～よう）③勧誘・適当（～しないか・～がよい）④仮定・婉曲《えんきょく》（～としたら・～ような）
	むず（んず）	○	○	むず（んず）	むずる（んずる）	むずれ（んずれ）	○	サ変型	
	まし	ましか（ませ）	○	まし	まし	ましか	○	特殊型	①反実仮想（もし～としたら…だろうに）②ためらいの意志（～ようかしら）
	じ	○	○	じ	じ	じ	○	無変化型	①打消推量（～ないだろう・～まい）②打消意志（～ないつもりだ・～まい）
	まほし	○	まほしく	まほし	まほしき	まほしけれ	○	形容詞型	希望（～たい）
		まほしから	まほしかり	○	まほしかる	○	○		
連用形	き	（せ）	○	き	し	しか	○	特殊型	過去（～た）
	けり	（けら）	○	けり	ける	けれ	○	ラ変型	①過去（～た・～たそうだ）②詠嘆（～たなあ）
	つ	て	て	つ	つる	つれ	てよ	下二段型	①完了（～た・～てしまった）②強意（きっと～・必ず～）
	ぬ	な	に	ぬ	ぬる	ぬれ	ね	ナ変型	

	たり	たら	たり	たり	たる	たれ	たれ	ラ変型	①存続（〜ている・〜てある）②完了（〜た・〜てしまった）
	たし	〇・たから	たく・たかり	たし・〇	たき・たかる	たけれ・〇	〇・〇	形容詞型	希望（〜たい・〜てほしい）
	けむ（けん）	〇	〇	けむ（けん）	けむ（けん）	けめ	〇	四段型	①過去推量（〜ただろう）②過去の原因推量（〜たのだろう）③過去の伝聞・婉曲（〜たとかいう・〜たような）
終止形（ラ変型には連体形接続）	らむ（らん）	〇	〇	らむ（らん）	らむ（らん）	らめ	〇	四段型	①現在推量（今ごろ〜ているだろう）②現在の原因推量（〜ているのだろう）③現在の伝聞・婉曲（〜とかいう・〜ような）
	めり	〇	（めり）	めり	める	めれ	〇	ラ変型	①推定（〜ように見える）②婉曲（〜ようだ）
	らし	〇	〇	らし	らし	らし	〇	無変化型	推定（〜らしい）
	べし	〇・べから	べく・べかり	べし・〇	べき・べかる	べけれ・〇	〇・〇	形容詞型	①推量（〜だろう）②意志（〜よう）③可能（〜できる）④当然（〜はずだ・〜べきだ）⑤命令（〜せよ）⑥適当（〜がよい）
	まじ	〇・まじから	まじく・まじかり	まじ・〇	まじき・まじかる	まじけれ・〇	〇・〇	形容詞型	①打消推量（〜ないだろう）②打消意志（〜ないつもりだ）③不可能（〜できない）④打消当然（〜はずがない）⑤禁止（〜してはいけない）⑥不適当（〜ないのがよい）
	なり	〇	（なり）	なり	なる	なれ	〇	ラ変型	①伝聞（〜そうだ・〜ということだ）②推定（〜が聞こえる・〜ようだ）
連体形・体言	なり	なら	なり・に	なり	なる	なれ	なれ	形容動詞型	①断定（〜だ・〜である）②存在（〜にある・〜にいる）
体言	たり	たら	たり・と	たり	たる	たれ	たれ	形容動詞型	断定（〜だ・〜である）
・連体形・体言 ・助詞「が」「の」	ごとし	（ごとく）	ごとく	ごとし	ごとき	〇	〇	形容詞型	①比況（〜のようだ）②例示（〜ような・〜など）
・サ変の未然形 ・四段の已然形	り	ら	り	り	る	れ	れ	ラ変型	①存続（〜ている・〜てある）②完了（〜た・〜てしまった）

おもな助詞一覧

●格助詞

語	意味（訳）	接続
の が	主格（〜が） 連体格（〜の） 同格（〜で） 準体格〈体言の代用〉（〜のもの） 連用格（〜のように）	体言 連体形
を	動作の対象・場所・時間（〜を）	体言 連体形
に	時間・場所・結果・原因・目的・〈受身・使役・比較の〉対象（〜に）	体言 連体形
へ	方向（〜へ）	体言
と	共同・変化・比較・並列・引用（〜と） 比喩（〜のように）	体言 連体形
より	比較（〜より） 起点（〜から） 経由（〜を通って） 手段・方法（〜で） 即時（〜とすぐに）	体言 連体形
にて	時・場所・原因・手段・状態（〜で）	体言 連体形
して	手段・方法（〜で） 使役の対象（〜に命じて） 動作の仲間（〜と）	体言 連体形

●係助詞

語	意味（訳）	接続
は	他と区別して取り立てる（〜は）	種々の語
も	添加（〜もまた） 並列・列挙（〜も） 強意・感動（〜もまあ）	種々の語
ぞ なむ（なん） こそ	強意〔訳さなくてよい〕	種々の語
や（やは） か（かは）	疑問（〜か） 反語（〜か、いや〜ない）	種々の語

●副助詞

語	意味（訳）	接続
だに	類推（〜さえ） 最小限の希望（せめて〜だけでも）	種々の語
すら	類推（〜さえ）	種々の語
さへ	添加（〜までも）	種々の語
のみ	限定（〜だけ） 強意（特に〜）	種々の語
ばかり	程度・範囲（〜くらい・〜ほど） 限定（〜だけ）	種々の語
まで	範囲・限度（〜まで） 程度（〜ほど）	種々の語
し しも	強意〔訳さなくてよい〕	種々の語

●接続助詞

語	意味（訳）	接続
ば	順接仮定条件（もし〜ならば）	未然形
	順接確定条件 原因・理由（〜ので・〜から） 偶然条件（〜すると・〜したところ） 恒常条件（〜するといつも）	已然《いぜん》形
と とも	逆接仮定条件（たとえ〜ても）	動詞型の語の終止形 形容詞型の語の連用形
ど ども	逆接確定条件（〜のに・〜けれども）	已然形
が	逆接確定条件（〜のに・〜けれども） 単純接続（〜すると・〜したところ）	連体形
に を	逆接確定条件（〜のに・〜けれども） 単純接続（〜すると・〜したところ） 順接確定条件（〜ので・〜から）	
て して	単純接続（〜て）	連用形
で	打消の接続（〜しないで）	未然形
つつ	動作の反復・継続（〜しては、〜て） 動作の並行（〜ながら）	連用形
ながら	逆接確定条件（〜のに・〜けれども） 動作の並行（〜ながら） 状態の継続（〜のままで）	連用形 形容詞語幹 体言
ものの ものを ものから ものゆゑ	逆接確定条件（〜のに・〜けれども）	連体形

●終助詞

語	意味（訳）	接続
ばや	自己の希望（〜したいなあ）	未然形
なむ（なん）	他者への願望（〜してほしい）	
てしがな にしがな	自己の希望（〜したいものだなあ）	連用形
がな もがな	願望（〜があればなあ・〜がほしいなあ）	体言など
かし	念押し（〜よ・〜ね）	文末
な	禁止（〜するな）	終止形 （ラ変型には連体形に付く）
そ	「な〔副詞〕〜そ」の形で禁止（〜するな）	連用形 （カ変・サ変には未然形に付く）
か かな	詠嘆（〜なあ）	体言 連体形
な	詠嘆（〜なあ）	文末

●間投助詞

語	意味（訳）	接続
や	詠嘆（〜よ・〜なあ）	種々の語
よ	呼びかけ（〜よ）	
を	詠嘆（〜よ・〜なあ）	

おもな敬語動詞一覧

●尊敬語

尊敬語の本動詞	現代語訳	普通の語
おはす おはします	いらっしゃる	あり 行く・来《く》
仰《おほ》す のたまふ のたまはす	おっしゃる	言ふ
思《おぼ》す 思し召す	お思いになる	思ふ
大殿《おほとの》ごもる	おやすみになる	寝《ぬ》・寝《い》ぬ
聞こし召す	お聞きになる 召し上がる お治めになる	聞く 食ふ・飲む 治む
御覧ず	ご覧になる	見る
奉《たてまつ》る	召し上がる お召しになる お乗りになる	食ふ・飲む 着る 乗る
給《たま》ふ（賜《たま》ふ） 賜《た》ぶ たまはす	お与えになる くださる	与ふ・授く
参る	召し上がる	食ふ・飲む
召す	お呼びになる お乗りになる 召し上がる お召しになる	呼ぶ 乗る 食ふ・飲む 着る

尊敬語の補助動詞	現代語訳
給ふ〔四段〕 おはす おはします	お〜になる・〜なさる （〜いらっしゃる）

謙譲語

謙譲語の本動詞	現代語訳	普通の語
承る	お聞きする・お受けする	聞く・受く
存ず	存じる	思ふ・知る
侍《はべ》り 候《さぶら》ふ・候《さうら》ふ	お仕えする 伺候《しこう》する おそばに控え申し上げる	あり・をり・仕ふ
参る・まうづ	参上する	行く・来《く》
まかる・まかづ	退出する	
参る・参らす・奉《たてまつ》る	差し上げる	与ふ
賜《たまは》る	いただく	受く
仕《つか》うまつる・仕《つかまつ》る	お仕えする いたす	仕ふ す
申す・聞こゆ・聞こえさす 奏《そう》す 啓《けい》す	申し上げる (帝《みかど》・院に)申し上げる (中宮・皇太子に)申し上げる	言ふ

謙譲語の補助動詞	現代語訳
奉る 参らす 聞こゆ 申す	お〜申し上げる・お〜する・ 〜て差し上げる
給《たま》ふ〔下二段〕	〜ております・〜ます

丁寧語

丁寧語の本動詞	現代語訳	普通の語
侍《はべ》り 候《さぶら》ふ・候《さうら》ふ	あります・ございます	あり・をり

丁寧語の補助動詞	現代語訳
侍り 候《さぶら》ふ・候《さうら》ふ	〜ございます・〜です・〜ます

問題校閲　倉繁正鬼
編集協力　そらみつ企画
加藤陽子／國本美智子／広瀬菜桜子／山下絹子
装丁デザイン　(株) ライトパブリシティ
本文デザイン　イイタカデザイン